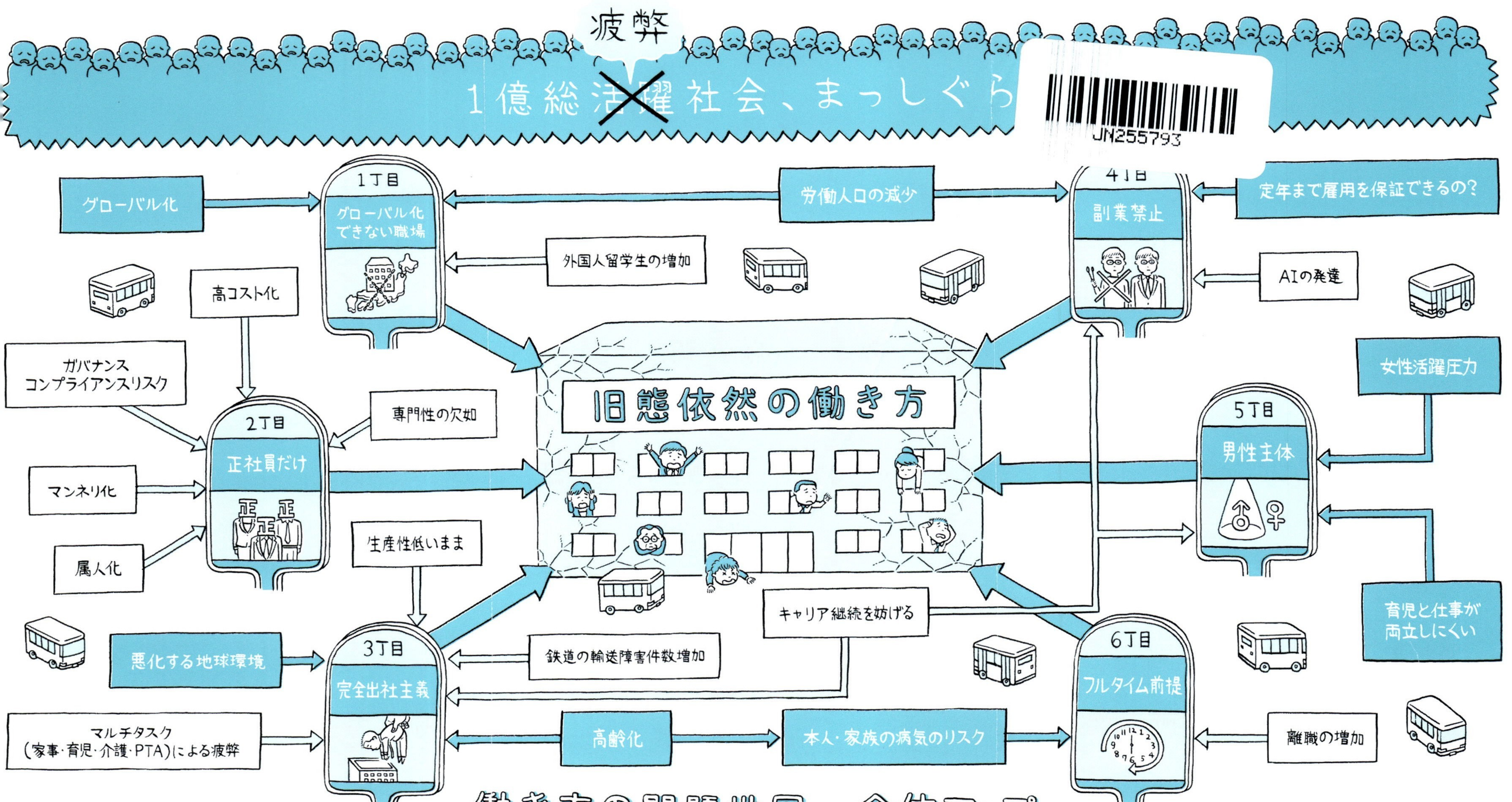

働き方の問題地図　全体マップ

働き方の問題地図

「で、どこから変える?」旧態依然の職場の常識

沢渡あまね
奥山　睦

技術評論社

免責
本書に記載された内容は、情報の提供のみを目的としています。したがって、本書を用いた運用は、必ずお客様自身の責任と判断によって行ってください。これらの情報の運用の結果について、技術評論社および著者はいかなる責任も負いません。

以上の注意事項をご承諾いただいたうえで、本書をご利用願います。これらの注意事項をお読みいただかずに、お問い合わせいただいても、技術評論社および著者は対処しかねます。あらかじめ、ご承知おきください。

商標、登録商標について
本文中に記載されている製品の名称は、一般に関係各社の商標または登録商標です。なお、本文中では ™、® などのマークを省略しています。

はじめに
～そろそろ働き方変えないとヤバいでしょ!?　私たちを襲う7つの無慈悲

「働き方改革」「ワークライフバランス」……そんな言葉がメディアで騒がれるようになりました。ずばり、あなたにお聞きします。

あなたの働き方、変わってきましたか？よくなってきた実感がありますか？

あらら、手が挙がらない……。そうなんです。メディアで騒がれているわりに、日本の職場の働き方、なかなか変わらない。いまだ変えようとしない企業が、変えられない現場が、まだまだ多い！

なぜ、ここまで騒がれるようになって、なおも頑なに変わらないのか？　企業の経営者や部門長から、こんな本音が漏れ聞こえてきます。

「働き方ねぇ。いや、変えなければいけないのはわかっているんです。でもね、何をしたらいいのかわからなくて」

「働き方をよくしたって、儲からないですから。やはり、目先の利益重視ですよ」

「働き方改革？　ただのブームでしょ。ブームが去るまでおとなしくしていようと思いまして……」


諦めとも開き直りともとれるメッセージ。でもこれ、ごもっともです。


何のためにやるのか？　何をしたらいいのか？　ピンとこない。

儲からない。

しょせん、一過性のお祭り騒ぎでしかない（と思っている）。


それでは、組織にも現場にも改革のモチベーションは働きません。

しかし、もはやそんなのん気なことを言っていられない時代になりました。大変残念なことに、働き方側が変わらず悶々としているうちに、世の中の側は勝手にどんどん変わっていっています。それも、悪い方向に。「無慈悲」に！

いったいどんな無慈悲が？　日本の職場を襲う7つの無慈悲を見てみましょう。

①無慈悲なグローバル化
②無慈悲な少子高齢化
③無慈悲な家族問題
④無慈悲な育児問題
⑤無慈悲な女性活躍圧力
⑥無慈悲な雇用延長
⑦無慈悲な地球環境

①無慈悲なグローバル化~連日連夜の海外との電話会議で、身も心ももう限界！

「ある日突然、自分の勤める会社が海外の会社を買収した」
「ある日突然、海外の会社に買われた」
「ある日突然、上司や部下に外国籍社員が」
「ある日突然、チームが多国籍に」

「ウチは日本の会社だから大丈夫」「うちの会社にかぎって」と思っていたのに、ある日

☑ 私たちを襲う7つの無慈悲

突然、無慈悲にもグローバル化。これ、日本のあちこちで起こっています。

先日、都内を歩いていてばったり遭遇した、私の元同僚。いつもの笑顔に元気がない。聞けば、去年からチームが海外グループ会社との混合チームになったとか。連日連夜の海外との電話会議・テレビ会議、しかも慣れない英語で疲労困憊。いわば〝グローバル疲れ〟している様子。私も経験ありますが、かなりの体力と精神力を消費します。

私は、近い将来「グローバルうつ」なるものが出てくるのではないかと本気で心配しています。そして、グローバルな職場を敬遠する若手が増えていく。だって、しんどそうなんだもん。

②無慈悲な少子高齢化 ～「年上の部下」とか「外国人上司」とか……

ついに、少子高齢社会が顕在化。2016年9月、総務省は65歳以上の高齢者人口は推計3461万人、総人口に占める割合は27・3％で過去最高と発表しました。

ともなって、労働人口の減少も現実のものになりつつあります。日本の労働人口は2013年12月時点では7883万人まで減少、2060年には4418万人まで減少すると予測されています。大手ファミリーレストランチェーン「ロイヤルホスト」の24時間営業廃止のニュースは私たちの記憶に新しいですが、その背景には労働力確保の困難があります。

そんな中、年上の部下、外国人上司などがあたりまえになりつつあります。もはや年齢がどうのとか、国籍がどうのとか選り好みしている場合ではない！　いまやコンビニエンスストアで、外国籍の店員さんがレジ打ちしている光景はめずらしくありません。

いままで、企業はこぞって「ダイバーシティ」（多様性）経営を標榜してきました。年齢・性別・国籍・価値観など多様な人材を活用することで、新しい発想が生まれるようにする——発想力や生産性の観点で語られてきたこのコトバ、これからは労働力確保の意味合いが濃厚かつ現実的になりそうです。

さあ、あなたの会社、あなたの職場。ダイバーシティに対応できる働き方になっているでしょうか？

③無慈悲な家族問題～親が突然、要介護状態に……

老若男女働けムード全開のいまの日本において、介護は向き合わなければならない重要テーマといってもいいすぎではないでしょう。介護の潜在人口＞子育て人口だからです。まわりを見渡してください。親がいる人の数のほうが、子どもをもつ人の数より多いことに気がつくでしょう。親が２人いたら、２人分の介護の潜在リスクが存在する。加えて、育児の期間と介護の期間の潜在的長さも、要介護期間＞要育児期間と、これまた介護のリスクのほうが高いです。

④無慈悲な育児問題～子どもが発熱、さあどうしよう？

子どもとは無慈悲なものです。土曜日曜あれだけ元気だったのに、月曜朝になると突然熱を出す。保育園で発熱が発覚すると、容赦なく仕事中のお父さんお母さんに呼び出しコール。

私の妻は都内で保育士をしています。日々、園児の親御さんのドタバタエピソードを私も聞いているのですが、なかでも印象的だったのがこの1件。

「私も夫もどうしても休めないので、花巻（岩手県）の両親に東京に向かってもらっています！」

そこまでやりますか？　のひと言。でも、これは長く続けるには無理がありますよね。経済的にも、体力的にも、精神的にもヘトヘトになる。国は1億総活躍社会を目指したいようですが、このままでは……

・子どもが常に健康な人
・親が健在、かつ近くに住んでいて子どもの面倒を見てもらえる人

しか活躍できなくなります。家庭も仕事もまわらなくなります。働き方側（企業側）も、譲れるものは譲っていかないと。

⑤無慈悲な女性活躍圧力～育休後に仕事復帰したはイイけど、毎日が綱渡り

私のまわりには、働くママさんがたくさんいます。私自身、働くママさんを部下にもったことも過去あります。彼女たちはみんな、ほんとうにパワフル。つねに高速で仕事をこなしていて、頭があがりませんでした。その一方、本当にしんどそうな人も。

育児明けで仕事に復帰した時短勤務の女性は、限られた時間で猛烈に働きます。そして、保育園の閉園時間に間に合うよう一目散に帰宅し、子どもをお迎えして、家事をこなします。加えて、④で見てきたようなリスクといつも背中合わせ。しんどくないわけがありません。

先日、都内のある会社に勤める友人（働くママさん）から大変残念なエピソードを聞き

ました。彼女は時短勤務で育児をしながら、たまに国内出張もこなしています。ところがある日、人事部の担当者からこう告げられたそうです。

「出張できるってことは、フツウに働けるってことですよね。ならば、時短勤務は解除してもらえませんか?」

私は、あいた口がふさがりませんでした。

「本来、時短勤務なのに、会社のために無理して出張している。そこに対する感謝がないのか!」

彼女は怒りを露にしていました。これでは、会社に対する愛も忠誠心も冷めてしまいます。

女性活躍を下支えする人事制度、働き方の導入が進んできています。しかし、女性だけの負担を増やすやり方ってどうなんでしょう?

⑥無慈悲な雇用延長～70歳になってまで通勤ラッシュとか、無理なんですけど

少子高齢化、労働人口減少に伴い、定年延長を実施する企業が増えつつあります。個人の側も、今後予想される年金支給額の減少、年金支給開始年齢の引き上げなどにより、いままでよりも長く働かなければならない覚悟が必要でしょう。

ここでよりネックになるのが、通勤ラッシュの問題。65歳や70歳を超えてまで、毎日あの通勤ラッシュに耐え続けられますか？

私の知り合いで、湘南（神奈川県）に家を建てて東京・丸の内の会社に勤務している人が、ついこの間ふたたび都内に戻ってきました。理由は「このままずっと通勤するのは、体力的に無理だと思った」とのこと。

「通勤ラッシュのひどい路線ランキング」などが誌面やインターネットを飾る日々。いまだ都市部では通勤ラッシュの問題が解消される見通しがありません。

鉄道会社の改善努力も期待したいところですが、なかなか難しいでしょう。働き方側でナントカしていかないと、70歳を超えてまで労働なんて、とうてい無理です。

⑦無慈悲な地球環境～台風に地震に大雪に……出社するだけでもうヘトヘト

ある意味、最も無慈悲かもしれないのがこれ。地球環境。

近年、異常気象を肌身で感じつつあります。2016年には大型の台風が北海道を襲い、道内のインフラに大きな傷跡を残しました。11月には、東京で降雪。そして、いまや震度5～6レベルの地震が日常茶飯事になりつつあります。

地球はもはや平常でない。無慈悲に悪い方向、悪い方向に変化しています。それなのに、雨が降ろうが、雪が降ろうが、大地が揺れようが、通常どおり出社しようとする／させようとする。これを理不尽といわずして、なんという？

出社しただけでヘトヘトなのに、そこからお決まりの長時間労働がスタート。それでは、世界と生産性もモチベーションも差が開く一方です。そろそろ働き方を変えていかないと、企業も個人もボロボロになるでしょう。環境が異常になっているのに、働き方がいままでの正常を保とうとすること自体に無理があります。

これら7つは、いずれも私自身が企業で働いてきた戦士として、いまはコンサルタントとして、現場で日々実感している無慈悲です。

本気で働き方を変えないと、ヤバい！

なのに、頑なに変わりそうにない日本の働き方。

無理もありません。いままで、働き方改革は、単に個人のプライベート時間を増やすための取り組みのようにしか語られてきませんでした。「残業規制すればいいんでしょ？」「はい、自由時間を増やしました、あとは知りません」くらいにしか扱われなかった（だから「ワークライフバランス」って言葉、私は好きではありません）。

加えて、たとえば「時短勤務」「テレワーク（在宅勤務）」「ダイバーシティ（多様性）」など働き方を柔軟にする施策や、キャリアサポートなどの制度が個別にしか議論されてきませんでした。それらの個別の制度のメリット／デメリットだけをとらえて、導入する／しないを論じる。ともすれば、導入することが目的化する。「なんのために？」の面の視点が抜け落ち、点でしか議論されてこなかった。そこが問題です。

本書では、働き方を網羅的に考えます。ポイントは大きく2つ。

“点”ではなく“面”で、企業と個人双方のメリットを

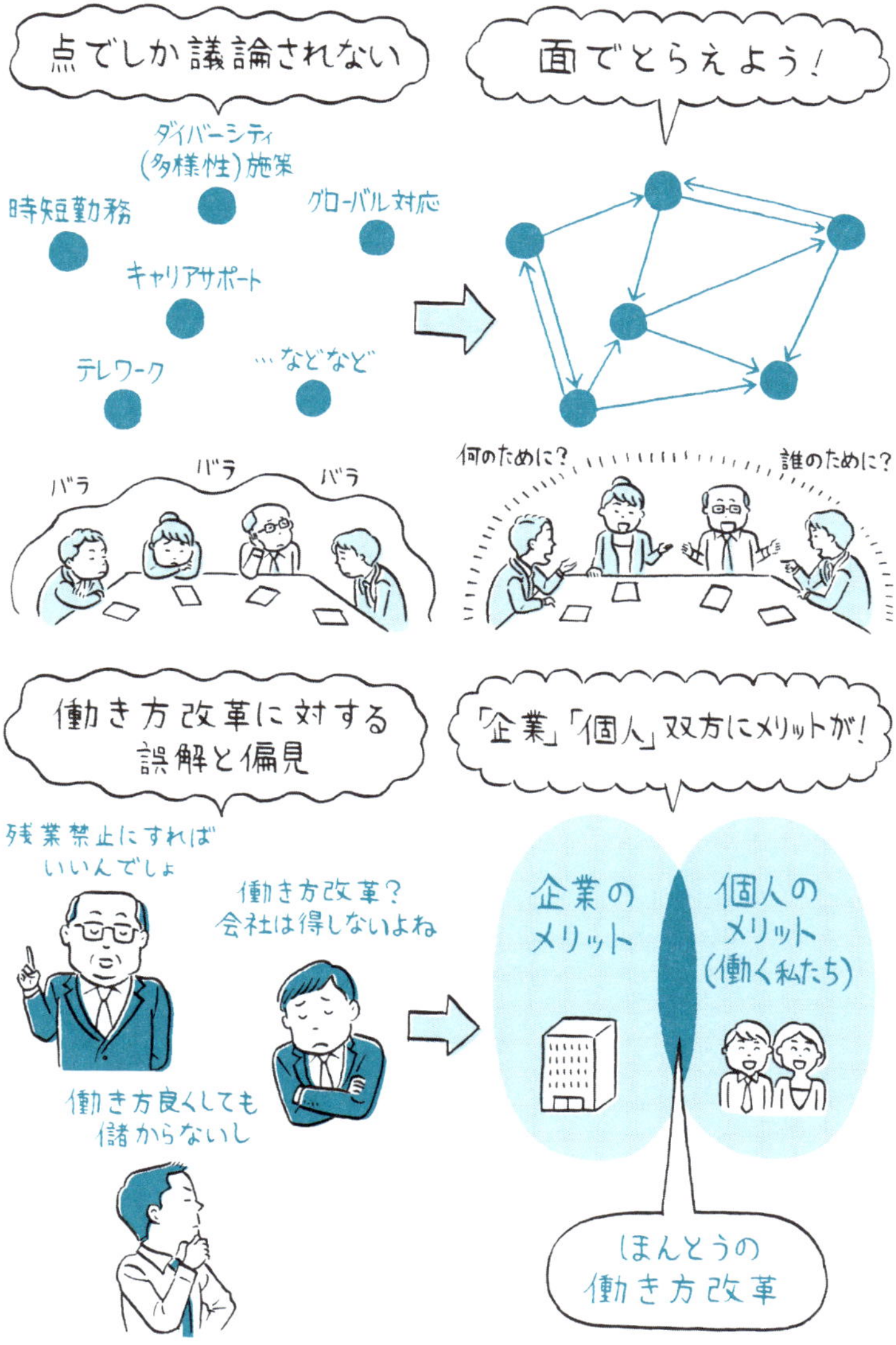
点でしか議論されない
ダイバーシティ(多様性)施策
時短勤務
グローバル対応
キャリアサポート
テレワーク
…などなど
面でとらえよう！
バラ
バラ
バラ
何のために？
誰のために？
働き方改革に対する誤解と偏見
残業禁止にすればいいんでしょ
働き方改革？会社は得しないよね
働き方良くしても儲からないし
「企業」「個人」双方にメリットが！
企業のメリット
個人のメリット(働く私たち)
ほんとうの働き方改革

①「時短勤務」「テレワーク（在宅勤務）」など、〝点〟で語られがちな制度や施策を、〝面〟でとらえます。

②企業と個人（働く私たち）、双方のメリットをひもときます。

今回、私ともう１人、奥山睦《おくやまむつみ》さんにも筆を執ってもらいます。奥山さんは、１９９６年にテレワークを活用した事業を開始。その後も、女性雇用や障がい者雇用などを促進してきた女性経営者です。キャリアコンサルタントの顔も持ち、キャリア形成の視点での働き方を語ることのできる、数少ない有識者。ご自身も子育てや闘病生活を経験されながら、これからの時代の働き方を先取りして体現されてきました。私、沢渡（41歳（執筆当時）・働く男性・子持ち）とのタッグで、

- **「男性視点」「女性視点」の一方に偏らない働き方**
- **「企業」と「個人」双方がハッピーになる働き方**

を網羅します。

☑ 旧態依然の働き方を変えていこう

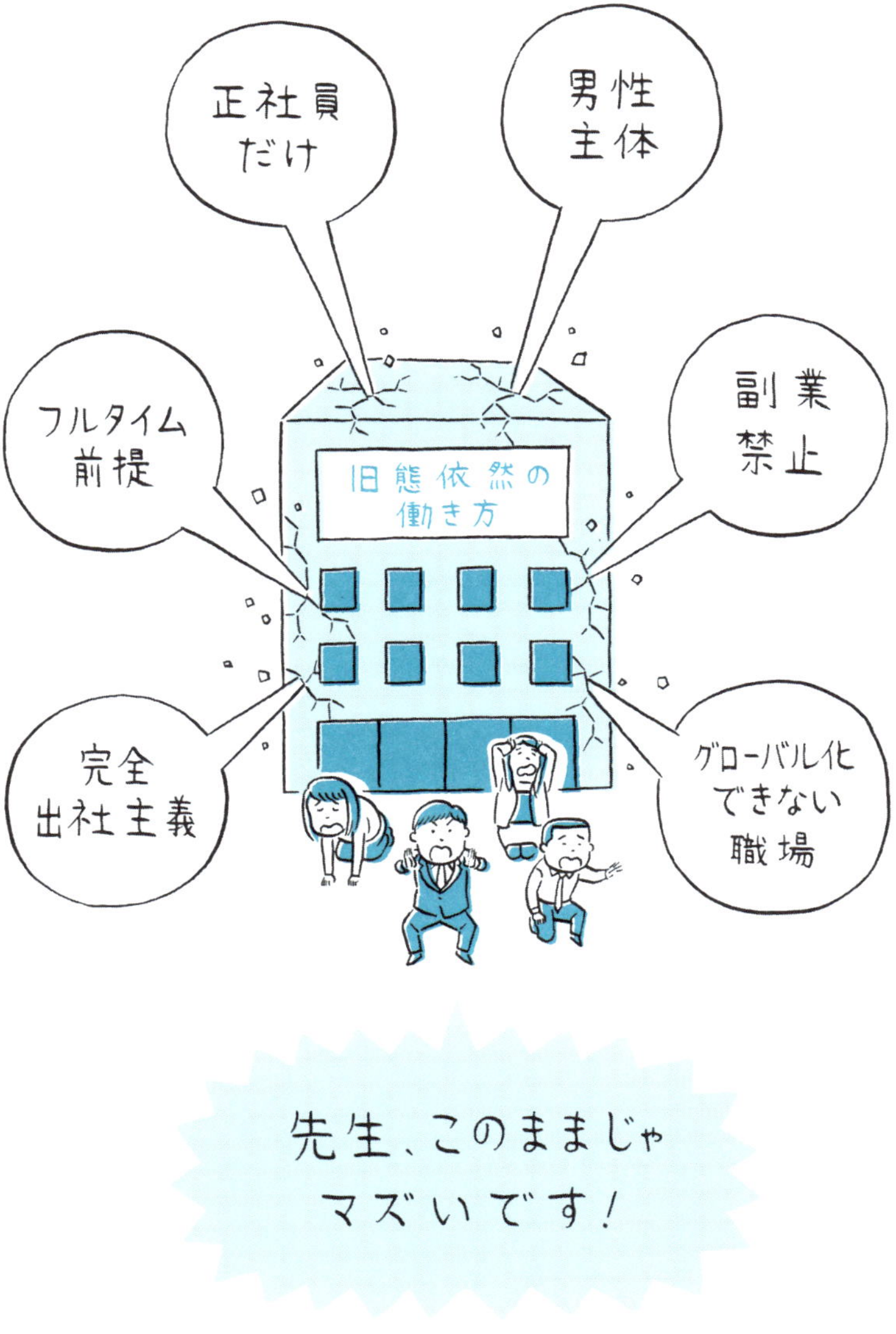

働き方改革を一過性のブームで終わらせないためには？
定着する働き方、今風のカタカナ言葉でいえば、サステイナブルな働き方とはなにか？
未来を見据え、企業も個人もハッピーになるにはどうしたらいいか？

私たちといっしょに考えましょう。
旧態依然の働き方は、そろそろおしまい。本当に、働き方を変えましょう！

２０１７年秋

沢渡あまね
業務プロセス＆オフィスコミュニケーション改善士
奥野ダム（静岡県）の天端にて

CONTENTS

2丁目 正社員だけ

3丁目 完全出社主義

4丁目

副業禁止

5丁目 男性主体

6丁目 フルタイム前提

おわりに

働き方の問題地図

BUS

1丁目

グローバル化できない職場

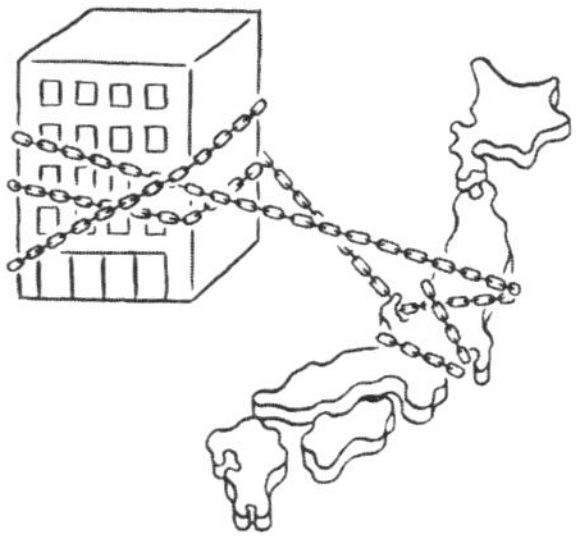

行先

1億総疲弊社会

「えっ⁉　日本の会社に外国人が？」進む多国籍化の実態

正直、私はびっくりしました。２年前、北関東でダイバーシティ（多様性）について講演したときのこと。栃木のある中小企業の社長さんが参加されていました。国内に閉じた製造業で、海外展開はしていません。聞けば、その年の新入社員は２人。そのうちの１人は、なんとフランス人（女性）なんだとか！

「大卒の新入社員を募集した。面接を受けた学生さんが、たまたまフランス人だった。優秀だったので採用した。ただ、それだけだよ」

社長はそう語ります。

彼女は日本のアニメに興味を持ち、日本に進学したそうです。その進学先が、北関東の大学だった。やがて、日本で仕事をしたいと思うようになった。そして、日本の会社を受けたそうです。

「社員はみんな、英語を勉強し始めていますよ。ははは」

社長の笑顔がとても印象的でした。

上司や部下が外国人。そんな話をすると、他人事のような顔をされる方も多くいらっしゃいます。

「いやいや。そんなの東京や大阪のごく一部のグローバル企業だけの話でしょう。ウチは地方の中小企業だから関係ないよ」

しかし、この一件があってから、私は見方が変わりました。実際、国内企業でも外国籍の社員の数が年々増えていっているのを、私自身、肌身で実感しています。私は毎年4月、企業の新入社員研修で講師をしているのですが、どの企業でもこの2〜3年で外国籍社員が目立つようになってきました。国内企業であっても、です。「あと5年もしたら、英語ができない研修講師は登壇できなくなるのではないか？」とすら感じています。

新入社員だけではありません。

外国籍社員が管理職に就く。
海外グループ会社の社員を逆出向させて、日本の本社の部門長に据える。
中途採用で、役員に外国籍の人を登用する。

最近ではめずらしくありません。私も日産自動車に勤務していた時代、南アフリカ日産、中東日産から逆出向した人が上司だったことがあります。
「上も下も横も海外の社員」それが、まもなく当たり前になるかもしれません。

もはや海外の労働力を頼らないと日本は成り立たない

「少子高齢化×グローバル化」

あらがえない時代の潮流。残念ながら、日本の労働人口は減りつづけています。すでに、2013年12月の時点で7883万人まで減少。2060年には、4418万人にまで減

☑ 日本の労働人口は減り、外国人留学生は増える

るといわれています。

一方で、増えている人口もあります。それは、外国人留学生の数です。このデータを見てください。２０１１年から２０１５年まで、５年間の日本への外国人留学生の数の推移です。２０１１年にはおよそ16万人だった外国人留学生の数が、２０１５年には21万人に増えています。この増加傾向は続き、２０２０年には30万人になると予測されています。

これから、外国人の雇用はますます加速するでしょう。

「いままでどおり大卒の社員を募集したら、面接を受けに来た人のほとんどが外国籍の学生さんだった」

「日本の会社に就職したのに、本部長が外国人だった」

そんな光景は、冒頭の栃木の中小企業のように、そう遠くない未来には普通になるでしょう。

☑ 日本における外国人留学生の数の推移

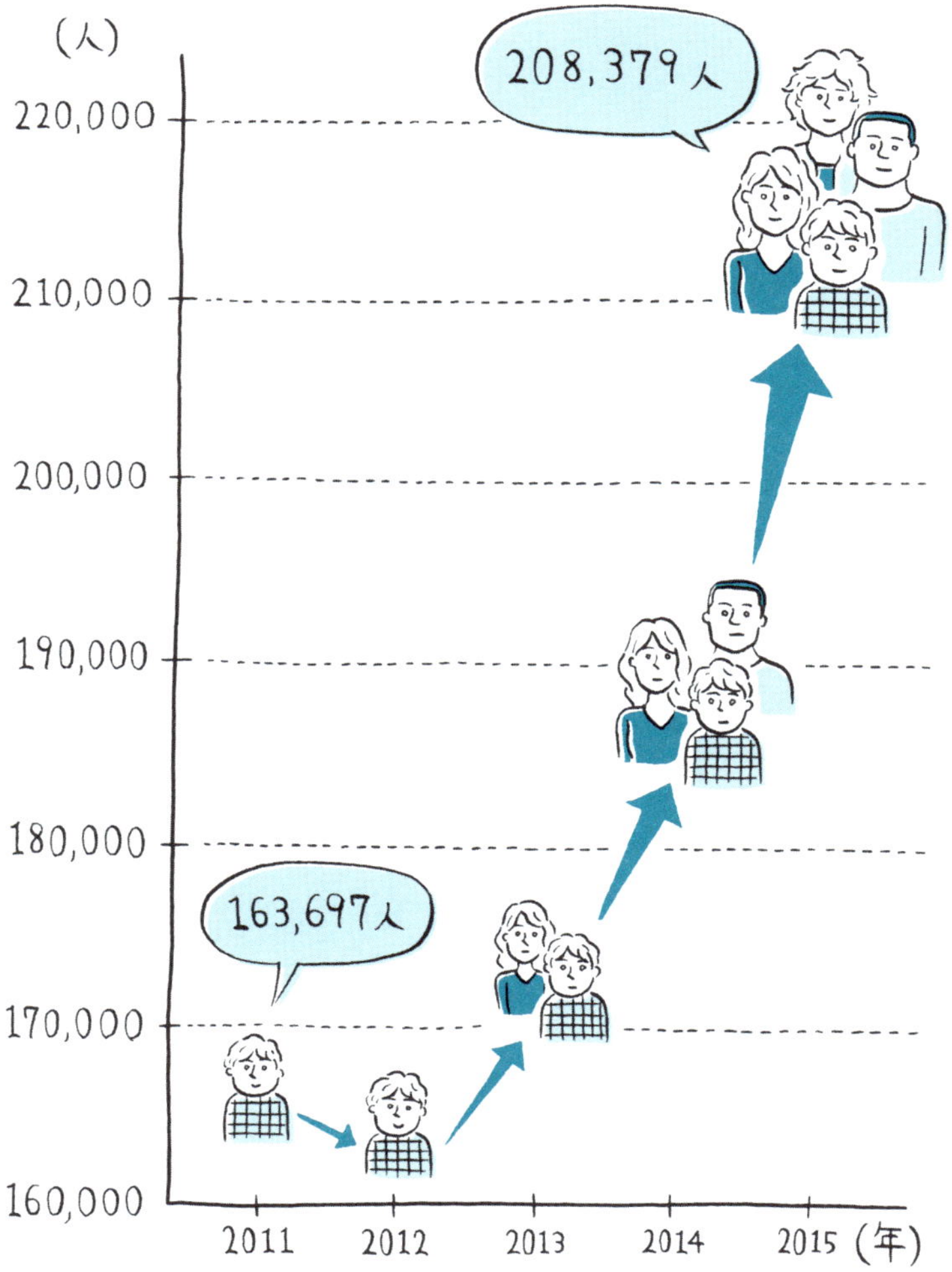

出典：「平成27年度 外国人留学生在籍状況調査結果」
2016年3月 独立行政法人日本学生支援機構（JASSO）

ここがヘンだよ！　日本の働き方

〜日本で働く外国籍社員のボヤキ

働く人たちの外国籍化が進む時代、彼らとうまく協働する環境を作っていかなければなりません。「郷に入っては郷に従え」に固執して、彼ら側からの歩み寄りだけを期待してもダメ。我々の歩み寄りも大事です。

まずは、相手をよく理解しましょう。というわけで、私が実際に見聞きした「日本で働く外国人のボヤキ」を一挙公開！　管理職、一般社員それぞれの生の声をお伝えします（ちなみに対象国は、カナダ、ＵＳＡ、デンマーク、スウェーデン、ドイツ、フランス、中国、ベトナム、南アフリカ、韓国、台湾、タイです）。

その部署の役割・価値がわからない

外国籍の人が日本の職場に着任して、まずとまどうのがこれ。

「自分の配属先が何をする部署なのか、わからない」

物流企画部に配属になったAさん。「物流企画部」という名前は理解したものの、この部署はどんなミッションを持っていて、何が求められていて、何を大事にすべきなのか？まったくもって不明。物流というわりには営業っぽい仕事が多いようだし、なにかを企画してそうなそぶりもない。

「とりあえず、この仕事からやってもらおうか」

上司から言われるがままに与えられた作業ベースでこなすものの、全体像がわからないので、仕事の意味もわからなければ、各作業の優先度も想像できない。関係者がだれかもよくわからない。日々、悶々としながら仕事をしています。

"Roles & Responsibilities"という言葉があります。役割と責任という意味で、"R&R"と略されることも。海外の企業では、部門やチーム単位、あるいは個人単位に"Roles & Responsibilities"が明文化されていて、役割、期待、業務内容、権限がはっきりしています。

それに対して、日本の企業では各部署やチームの役割分担が〝ふわっ〟としているケースが目立ちます。とりあえず頭数だけそろえた状態。なにをするにつけ、毎度関係しそうな人たちを集めて会議して、そこで合議して、そこから動き出す仕事の進め方。

海外のやり方、日本のやり方。どちらも良し悪しはありますが、少なくとも、日本の職場の〝ふわっ〟と状態に外国籍社員がとまどうのはまちがいないようです。

だれが何をやっているかわからない

部署の役割と責任がわからないどころか、同僚や部下がそもそもどんな人かよくわからない。

「隣のチームのBさんは、いまどんな仕事を抱えているのか?」
「部下のCさん、Dさんは、これまでどんな仕事をしてきて、どんな専門性があるのか?何が得意なのか? 趣味は?」

毎日、朝にはみんなキチンとオフィスにそろって黙々と仕事をしているものの、だれが何をやっていて、どんな人なのか、お互いよくわからない。言葉の壁も災いして、なおのこと。とりあえず、みんな忙しそうなのは伝わってくるのだが……。

でもって、6時を回ると「おつかれさまでした！」と挨拶だけして、三々五々帰っていく⇒そのくり返し。

だれに何を聞いたらいいのか、外国人上司からしてみればだれにどんな仕事をふったらいいのか、わからない。プロジェクトチームを組もうにも、だれをアサイン（任命）したらいいのやら……。日本の沈黙組織、黙々職場。外国人にはなかなか手ごわいようです。

「習うより慣れろ」

「とりあえず、3年もいれば慣れますから」

日本の職場の定番フレーズ。老舗料亭や伝統工芸の世界ならまだしも、企業の本社のスタッフ部門でそんな状況。

「手順などない。習うより慣れろ。先輩社員について、技を盗むのだ」

これが代々受け継がれている。業務プロセスがない。作業手順もはっきりしていない。みんな、それぞれの仕事を黙々と属人的にこなしている。デスクで肩を並べる職人集団。

☑ ある本社のスタッフ部門の光景

「すばらしい、これが、日本の匠文化か！」

などと感心している場合ではありません。私の知り合いの何人か（韓国人、カナダ人）は、

「成長のスピードが遅くなる」
「もっとスピード感をもっていろいろ学びたい、成長したい」

こう言い残して、外資系企業に去っていきました。

出社至上主義

「なんでココでは必ず鐘が鳴るまでオフィスにいなければいけないんでしょうね？　今日は仕事が終わったから、帰りたいのに……」

私のかつての勤務先（製薬業界）にて、ある時カナダ人の管理職が呟いていました。

管理職（裁量労働）なので、責任さえ果たしていればいつ来ていつ帰ってもいいはずな

のですが、日本企業の古い職場だとなかなかそうもいかない。目に見えない同調圧力で、5時半をすぎるまではオフィスにいなければならない。彼はこうも言っていました。

「自宅でもできる仕事もあるし、会社からモバイルも支給されているのに、なぜ毎日出社しなければいけないんでしょうね。毎日スーツに着替えて会社に来るの、面倒だし疲れます」

かたや、USAやヨーロッパの子会社の社員たちは普通に自宅からリモートで仕事している。同じ会社なのに、日本ではNG。私も彼の話を聞いて、「うんうん、そうだよな」とうなずいていたのを、昨日のように思い出します。

「正社員はなんでもやって当然」

海外の企業では、自部署あるいは自分自身の得意分野ではない仕事は、あっさりとほかの専門の部署に任せたり外注します。でも、日本の職場だとなかなかそうもいかない。日本では、正社員=なんでもやらなければいけない風潮があります。自部署の範囲外、自分の不得意な仕事でも、気合と根性でやらなければならない。その結果、〝何でも屋〟になってしまう傾向にあります。

・情報システム部門のSEとして入社したはずなのに、調整ごとやら、会議運営やら、勉強会の運営やらで忙殺
・学校教師。教えるだけではなく、保護者の対応から、生徒のメンタルケアから、イベントの企画運営やら、広報誌の作成やらで、てんやわんや

「なんで、そんな仕事までYouがやっているの？」

かつて、スウェーデンの取引先の担当者からズバリ指摘されたことがあります。これは、その人の「時間を雇う」か「機能や専門性を雇うか」の違いでしょう。

海外の企業では、人を雇うイコールその人の専門性を買う。それに対し、日本はその人の時間を買う発想が強い。よって、「時間内はなんでもやってください」になりがちなのです。

ただ、海外流にはデメリットも。専門分野の仕事に特化しやすい一方、ひとたびその分野の市場価値が低くなってしまうと、職にあぶれるリスクもあります。

「会社の言うことは絶対」

会社の言うことには逆らえない――この一方通行も、海外のビジネスパーソンには受け入れられがたいようです。

たとえば、日本の企業では、入社時に「全国転勤可能かどうか」を聞かれ、サインさせられる場合もあります。そして、辞令１本で異動や転勤が言い渡されます。基本的に、社員の側に拒否権はありません。転居を伴う転勤は、家族の人生をも左右する大きな問題なわけですが、問答無用。泣く泣く単身赴任するか、家族ともども引っ越すしかないわけです。江戸時代の参勤交代制度の名残か？　理由なき形骸化したローテーションも目立ちます。

欧米では、理由なき異動や転勤は受け入れられがたく、会社と社員の話し合いのもとにおこなわれます（１００％とは言いませんが）。私の知り合いのアメリカ人は、会社から転勤の打診をされて「お断り」したことがあると言っていました。彼の言い分はこうです。

「私も家族も、この土地が気に入っている。なぜ、会社のためにそれを捨てなければならないのだ？」

☑ 転勤を受け入れるしかない日本、お断りする海外

その土地や職種にこだわりを持っており、引っ越ししてまでその会社に残ろうと思わないのです。

海外の工場や研究所を移転した結果、従業員がガラリと入れ替わり、品質が下がった（上がった）ケースもめずらしくありません。事業所を移転する＝いままでの従業員を捨てるくらいの覚悟が必要なのです。

国際化・多様化せざるをえない日本の職場。外国籍社員とうまくやっていくためには、どんな取り組みをすればいいのでしょうか？　ここでは、制度面（人事制度、評価制度など）以外の、現場でできることを考えてみます。現場の私たちが鍛えておきたい、３つのチカラがあります。

- ①業務定義力
- ②自己紹介力
- ③シンプルコミュニケーション力

この３つは、組織としても個人としても身につけ、日々発揮したいグローバル基礎力です。

業務定義力～その組織が何ものかを示す

「その部署は、チームは、なんのために存在しているのか？　どんな価値を出しているのか？」
「その部署にはどんな業務があって、どんなアウトプットを出しているのか？」

自部署がやっていることを説明できる、価値を説明できる、新たな業務を設計できる。これからの時代、どんな組織にも必要とされる能力です。

何をやっているのかわからない部署では、人は成果を出しにくいもの。どんなに「多様性だ！　ダイバーシティだ！」と騒いで、人だけバラエティ豊かにしても、たちまち機能不全を起こします。

では、どうやって自部署の業務内容や価値を説明可能にしていったらいいでしょうか？

5つの要素で自部署を定義してみよう

どんな仕事も、5つの要素から成り立っています。

①目　的　その仕事は何のために、だれのためにおこなうのか？

②インプット　その仕事を進め、成果物を生むために、どんな情報・材料・ツール・スキルなどが必要か？

③成果物　生み出すべき完成物あるいは完了状態は？　期限は？　提出先は？

④関係者　巻き込むべき関係者・協力者は？　インプットはだれ（どこ）から入手すべき？　成果物はだれのため？

⑤効　率　その仕事のスピードは？　生産量は？　コストは？　人員は？　歩留まり（不良率）は？

図にすると、次のとおりです。『職場の問題地図』（技術評論社）でも何べんも出てきた、あの図です。この5つの要素は基本中のキホン。さっそく、あなたの部署のお仕事を、この5つの要素で書き出してみましょう。

☑ 仕事の5つの要素

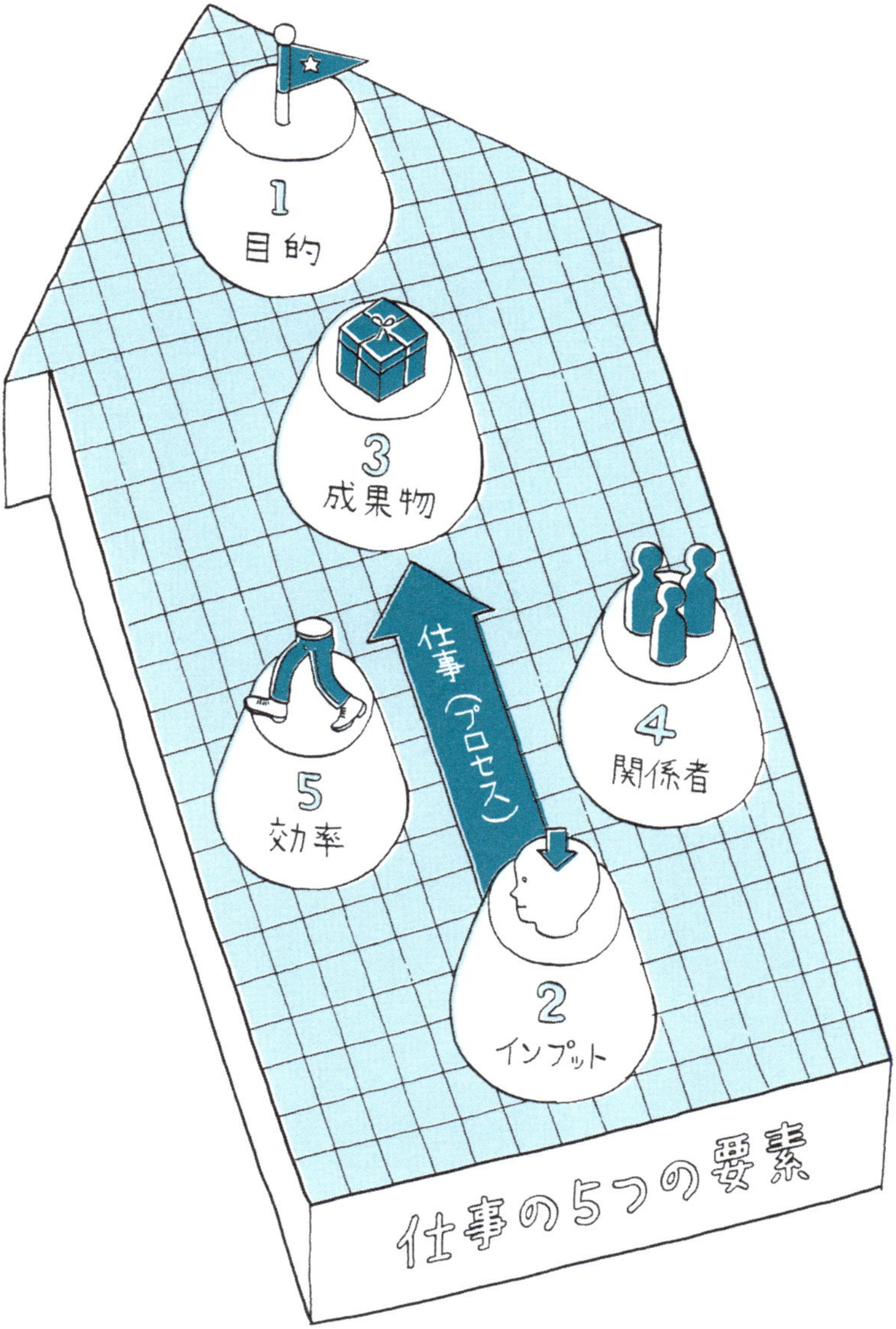

サービスカタログを作ってみる

部署の業務＝サービスを一覧化したリストを「サービスカタログ」と呼びます。カタログなんていうと、キレイなデザインセンスが要求されそうな気がしますが、心配ご無用。ただの一覧表です。

お手元のＥｘｃｅｌシートを開いてください。横に「No.」「業務名」「目的」「インプット」「成果物」「関係者」「効率」と入れてみましょう。そして、上から順に（思いついた順でかまいません）、あなたの部署の業務内容を記入してみましょう。

私は、企業の現場（おもに管理部門）で業務改善のお手伝いをしていますが、現場のみなさんといっしょにサービスカタログを作っていると、こんな気づきの声があがってきます。

「そういえばこの業務、人によってインプットの取り方が違うよね」
「この業務、続ける意味あるの？　やめませんか？」
「この部分をシステム化したら、もっと効率化できるよね！」
「この業務はうちの部署の目玉。人を増やして増強しよう」

サービスカタログ

サービスカタログ
沢渡産業　購買管理部

No.	業務名	目的	インプット	成果物	関係者	効率
1	注文書発行業務	事業部から依頼を受け、注文書を遅滞なく発行する(依頼を受けてから2営業日以内)	●購買システムで「承認済」になった注文書の発行依頼 ●注文書確認項目一覧	押印済の注文書(が本社メールセンターのポストに投函されている状態)	●事業部の発注担当者 ●取引先の営業担当者 ●情報システム部	●月平均200件(2016年度実績:2,500件) ●社員2名+派遣社員1名(専任)で対応 ●1件あたりの処理時間　平均30分
2	契約審査業務	事業部の、取引先との契約リスク、訴訟リスクを低減する	●事業部からの相談(原則は購買管理部ポータルのお問い合わせフォームから。ただし、電話や対面の依頼もある) ●契約書標準テンプレート	購買管理部が審査した契約書面(基本契約、個別契約)	●事業部の契約担当者 ●法務部 ●取引先の営業担当者 ●取引先の法務部 ●顧問弁護士	●月平均7件(2016年度実績:84件) ●社員2名で対応 ●1件あたりの対応時間　平均7.5時間
3	□□□□□	□□□□□□□□□□□□□□□□□□□□□□□□□□□	□□□□□□□□□□□□□□□	□□□□□□□□□□□□□□□□	□□□□□□□□□□□□	□□□□□□□□□□□□□□□□□□□□□□□□□□□□□□□□□
4	□□□	□□□□□□□□□□□□□□□□	□□□□□□□□□□□	□□□□□□□□□	□□□□	□□□□□□□□□□□□□□□□□
5	□□□□□	□□□□□□□□□□□□□□□□□□□□□□□	□□□□□□□□□□□□□□□	□□□□□□□□□□□□□□□□	□□□□□□□□□□□□	□□□□□□□□□□□□□□□□□□□□□□□□
6	□□□	□□□□□□□□□□□□□□□□	□□□□□□□□□□□	□□□□□□□□□	□□□□	□□□□□□□□□□□□□□□□□
7	□□□	□□□□□□□□□□□□□□□□	□□□□□□□□□□□	□□□□□□□□□	□□□□	□□□□□□□□□□□□□□□□□

「ここに挙がった以外にも、じつは私はこんな仕事もしていて……」

いままでなんとなく取り組んでいた仕事を一覧化する。それは、自分たちの業務の価値を見直し、他者に説明できるようにするため、そして脆弱さや改善点に気づくためにも重要です。

日本の多くの企業は、まだまだ労働集約型。とりあえず人を集めて、降ってきた仕事を気合と根性とセンスでこなしている職場が目立ちます。便利な反面、新参者（新入社員、中途社員、外国籍社員など）がなじんで戦力になるのに時間がかかります。また、たとえばM&Aなどによる会社の統廃合があった時に、なくされてしまうリスクも高いです。「なんのためにあるのかわからない」あるいは「無価値」と思われてしまうからです。

リーダーであれば、自分のチームを守るために。

メンバーであれば、自分自身の仕事を無価値にしないために。

あなたの部署の価値、きちんと示せるようにしておきましょう。

自己紹介力〜自分が何者かを示す

組織の価値を説明できるのも大事ですが、あなた自身の価値を示せることは、それ以上に大事です。

日本人は、自己表現が苦手といわれています。元来の奥ゆかしさ？「出る杭は打たれる」のを恐れて？ あまり自分をＰＲするのが得意でないよう。理由はさておき、それではグローバル社会では損をしてしまいます。

とりわけ、初対面の自己紹介は、あなたが何者であるのかを示すための重要なツールです。

「私は生産管理部門に15年いました」

この自己紹介はイマイチ。あなたがどんな価値がある人なのかが相手に伝わりません。生産管理部門に15年いた事実は、残念ながら何の価値もありません。

・どんな専門性があるのか？
・何が得意なのか？
・どんな仕事で、どんな実績を残してきたのか？
・今の仕事で、どう貢献したいのか？
・意気込みやこだわりは？
・今後、どうなっていきたいのか？
・趣味や休日の過ごし方は？

ここまで紹介できれば、相手はあなたの人となりと価値を理解することができます。趣味や家族構成、休日の過ごし方などプライベートな話も意外と大事。その後のコミュニケーションのきっかけを作ることができます。

私はかつて10人、外国人リーダーまたは海外赴任から帰任したばかりの日本人リーダーのもとで働いたことがあります。彼らが初対面の部下に共通して聞く、ある質問がります。それは

"What's your experties?"（あなたの専門性は何ですか？）

☑「隣のあの人、だれですか？」

※『職場の問題かるた』（技術評論社）より

すなわち、「あなたは何者ですか?」を問うているのです。

この会話をもとに、リーダーはだれに何を任せるか、業務の組織編成や体制を考えていきます。自分を示せない人は、信頼されない(相手が信頼しようがない)ですし、適任な仕事を任せてもらうこともできません。

Employabilityという言葉があります。「雇用される能力」という意味です。自己紹介は、Employabilityを高める基本。よりよい仕事やチャンスとめぐり合うためにも、自分の価値をしっかり示せるようにしておきましょう。

シンプルコミュニケーション力
~おさえておきたい3つの法則

「複雑は敵。シンプルを目指せ!」

あるクライアント先の社長さんの言葉です。シンプルイズベスト、まさにそのとおり!

シンプルに伝えられるチカラ、シンプルコミュニケーション力は、たとえ日本人同士の職場であっても必須でしょう。

ものごとをシンプルに伝えるための、3つの法則があります。

①CCFの法則（結論を最初に言う）
②NLCの法則（ナンバリングする）
③AREAの法則（主張➡理由➡根拠➡主張）

それぞれ、「シーシーエフ」「エヌエルシー」「エリア」と読みます。え、横文字で言うなって!?　ごめんなさい。でも、これすべて固有名詞なのでご容赦ください。英語の名称を覚える必要はありません。むしろ、カッコ内に示した日本語のほうを心に刻んで実践してください。

この3つは、もともと大学などの高等教育機関で、英語コミュニケーションを円滑におこなうために考えられた法則ですが、日本人同士の日本語での会話にも効果があります。報連相、電話での対話、会議の発言、大勢の前での発表……あらゆるビジネスコミュニケーションに役立つので、使ってみてください。

☑ シンプルコミュニケーション　3つの法則

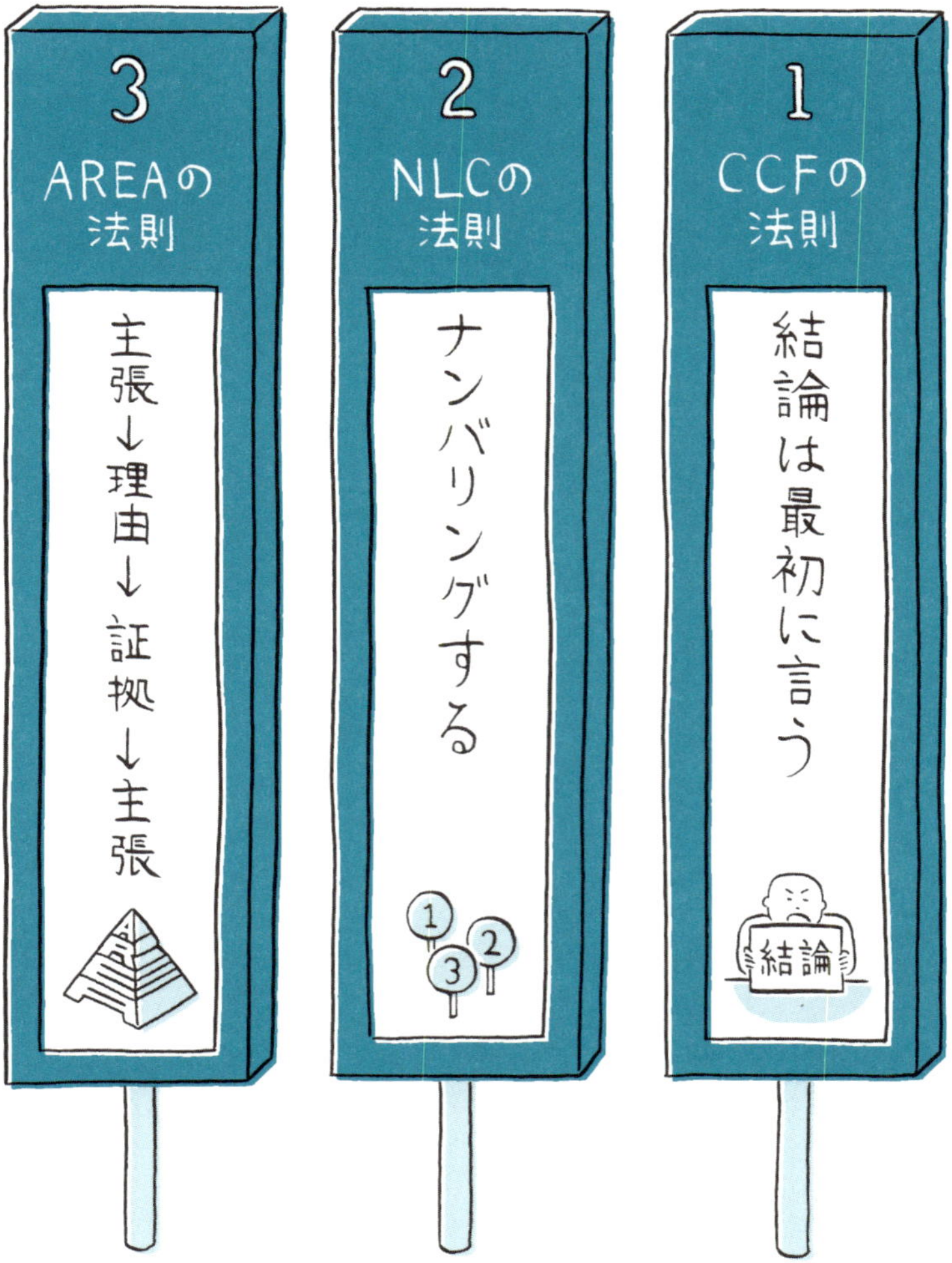

①CCFの法則（結論を最初に言う）

「CCF」は"Conclusion Comes First"の略です。英文は覚えなくて結構。日本語に訳すと、「結論は最初に言おう」。とりわけ、言葉や文化が異なる相手とのコミュニケーションでは、結論を最初に言うのは鉄則です。

「その会議は延期すべきだと考えます」
「海外出張の承認をお願いします」
「キミが好きだ！」

結論を、最初にズバっと言う。それにより、相手はあなたのイイタイコトやスタンスをシンプルに理解することができます。この後、あなたがどんな話をするのか、予測することができます。また、あなたの主張は論理的か？「抜け漏れ」がないか？どんな質問をしようか？……など、相手はあなたの話を聞きながら、「次」を考えることできます。コミュニケーションがとても効率的、かつ建設的になります。

②NLCの法則（ナンバリングする）

NLCとは、以下の3つの頭文字をとったプレゼンテーションの基本ルールです。これまた、英語は覚えなくていいです。

①Numbering：論点がいくつあるのか数値で示す
②Labeling：各論点にタイトル（ラベル）を付ける
③Claiming：各論点の詳細を説明する

「今日ご報告したいポイントは3点です。1つめは納期、2つめはコスト、そして3つめは品質です。では、1つめの納期について説明します……」

「私はあなたの意見に反対です。理由は2つあります。1つめは実現性、2つめは予算です。1つめの実現性についてですが……」

「当社の製品がみなさまに選んでいただける理由は2つです。1つめは操作性のよさ、2つめはサポートのよさです……」

ある程度長い説明になりそうな場合、論点を絞り、番号とタイトル（ラベル）をつけて、シンプルにスッキリ発言しましょう。NLCの法則で発言するメリットは4つです。

①自分が論点を事前に整理できる（自分のため）
②相手が論点を理解しやすい（相手のため）
③相手が話の現在地（いま何を話しているのか）を理解しやすい（相手のため）
④相手がメモや議事録をとりやすい（相手のため）

これまた、日本人同士の日本語コミュニケーションの効率アップにもなります。

④AREAの法則（主張→理由→根拠→主張）

賛成意見、反対意見、提案など、主張に説得力を持たせるようにするためにはAREAの法則が有効です（PREPの法則と説明されることもありますが、いずれも意味は同じ）。AREAとは、次の意味です。

- **Assertion：主張**

・Reasoning：理由
・Evidence/Example/Experience：証拠、具体例、体験談
・Assertion：主張

この順番で発言すると、あなたの主張は論理的かつ説得力をもちます。たとえば、あなたが部下に資料作成をお願いするとします。

例

「経営会議の資料、グラフも入れてもらえるかな？【A】出席者、お年を召した方が多いから、なるべく見やすいほうがウケがいいんだよね。【R】文字や数字だけの資料だと、みんな見づらそうにしていて、たまに文句言う人もいてさ……【E】。というわけで、悪いんだけれどグラフも入れてもらえない？【A】」

これなら、部下はなぜその仕事をするのか、なぜグラフが必要なのか理解できますね。また、小さくて見にくいグラフを作ってくるなど、目的に反した成果物を作ることもないでしょう。

☑ CCF・NLC・AREAの3つの法則の使い方

CCF
CCFでひきつけて（聞く準備をさせて）
NLC
NLCで話の全体像と現在位置を伝えて
A R E A
AREAで1つ1つの話を論理的に説明する

シンプルかつ筋肉質な意思疎通。それは、自分も相手も幸せにします。CCF・NLC・AREAの3つの法則の使い方を絵にしました。これを押さえて、シンプルコミュニケーションの達人を目指しましょう！

究極の英語コミュニケーション、それは英語をいっさい使わないこと

3つの法則に加えてもう1つ、コミュニケーションをシンプルかつ効率よくおこなうための「プラスα」があります。それは……図解！

「究極の英語コミュニケーション、それは英語をいっさい使わないこと」

グローバルコミュニケーション強化の講座や講演で、私がいつも強調しているフレーズです。

海外のビジネスパーソンや外国籍社員と意思疎通をするために、私たちは一生懸命英語を勉強します。もちろんそれも大事ですが、ややこしいことを、ややこしい英語で説明し

ようとするとうまくいかないし、相手にとってもわかりにくいもの。ここはひとつ、潔く言葉を捨ててみましょう。

図は、最強のコミュニケーションツールです。レゴブロック（デンマークのブロック玩具）や、ＩＫＥＡ（スウェーデンの家具量販店）の家具の組み立ての説明書をご覧になったことはありますか？　言葉はいっさいナシ。絵と図と番号（順番やパーツ番号）だけで描かれています。そのメリットは２つです。

・多言語対応が不要　➡　コミュニケーションコスト（ここでは説明書の制作コスト、コールセンターの対応コストなど）削減に

・ユーザーに優しい　➡　誤解なく、だれでも確実に商品を組み立てることができる

いずれの商品も、グローバル展開されています。こうした工夫も、世界中で愛されるポイントなのかもしれません。

ここでは、ビジネスコミュニケーションに役立つ図をいくつか紹介しましょう。

例1 円の重なり ⬇ 共通点を説明するのに便利

例2 矢の連続 ⬇ 手順や段階を示すのに便利。全体の長さと現在位置（いまどの段階なのか？ あとどれくらいの道のりが残っているのか？）も認識しやすい

例3 ＋図 ⬇ ものごとを比較検討するのに便利

例4 ロジックツリー ⬇ ものごとを構造的に示したり、抜け漏れをチェックするのに便利

いずれも、言葉少なに、相手と意識合わせをする助けになります。

図は、先ほど見てきた、①業務定義力と②自己紹介力の強化にも役立ちます。シンプルに業務を説明する、シンプルに自分を説明する。言葉よりも図のほうがイメージが伝わりやすく、誤解を招きにくくすることができます。

日ごろ、いろいろな図解に触れてパターンを仕入れておきましょう。オススメ書籍は『誰でもデキる人に見える 図解 de 仕事術』（明日香出版社）。図解改善士の多部田憲彦さんが書かれた本で、さまざまなバリエーションの図解が事例とともに紹介されています。

「人生ラクありゃ苦もあるさ。言葉がダメなら図があるさ」

☑ 円の重なりの図、矢の連続の図

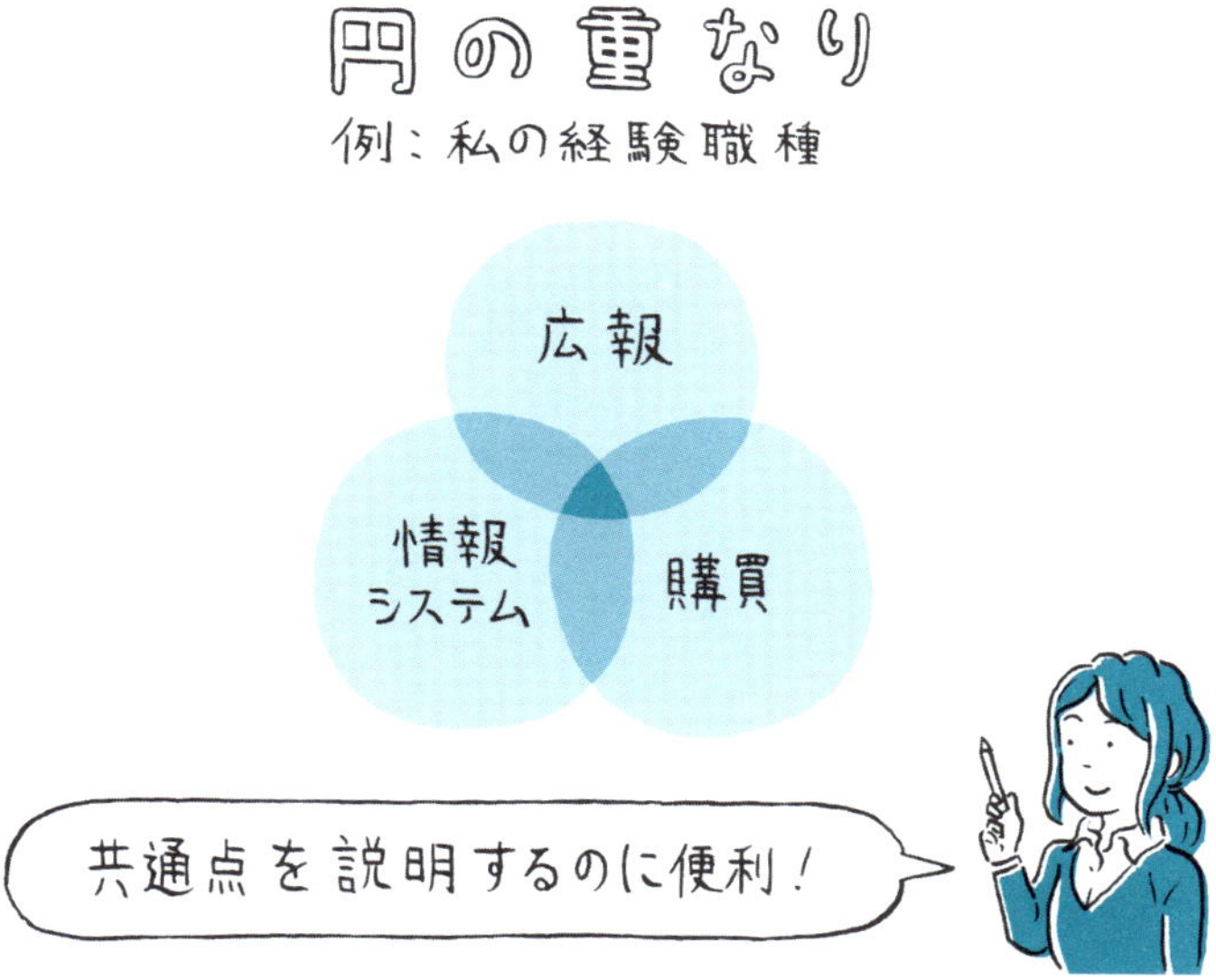

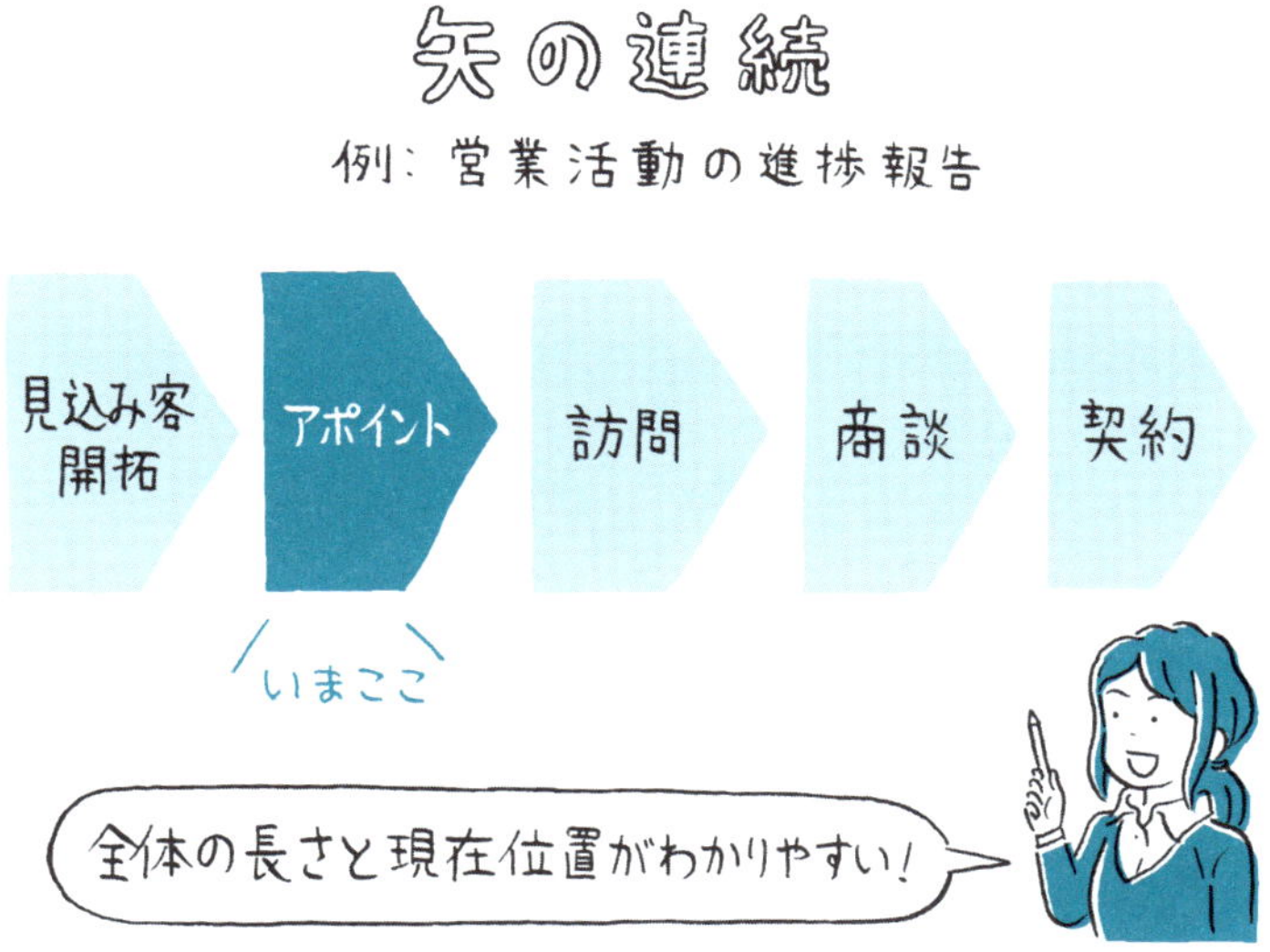

☑ 十図

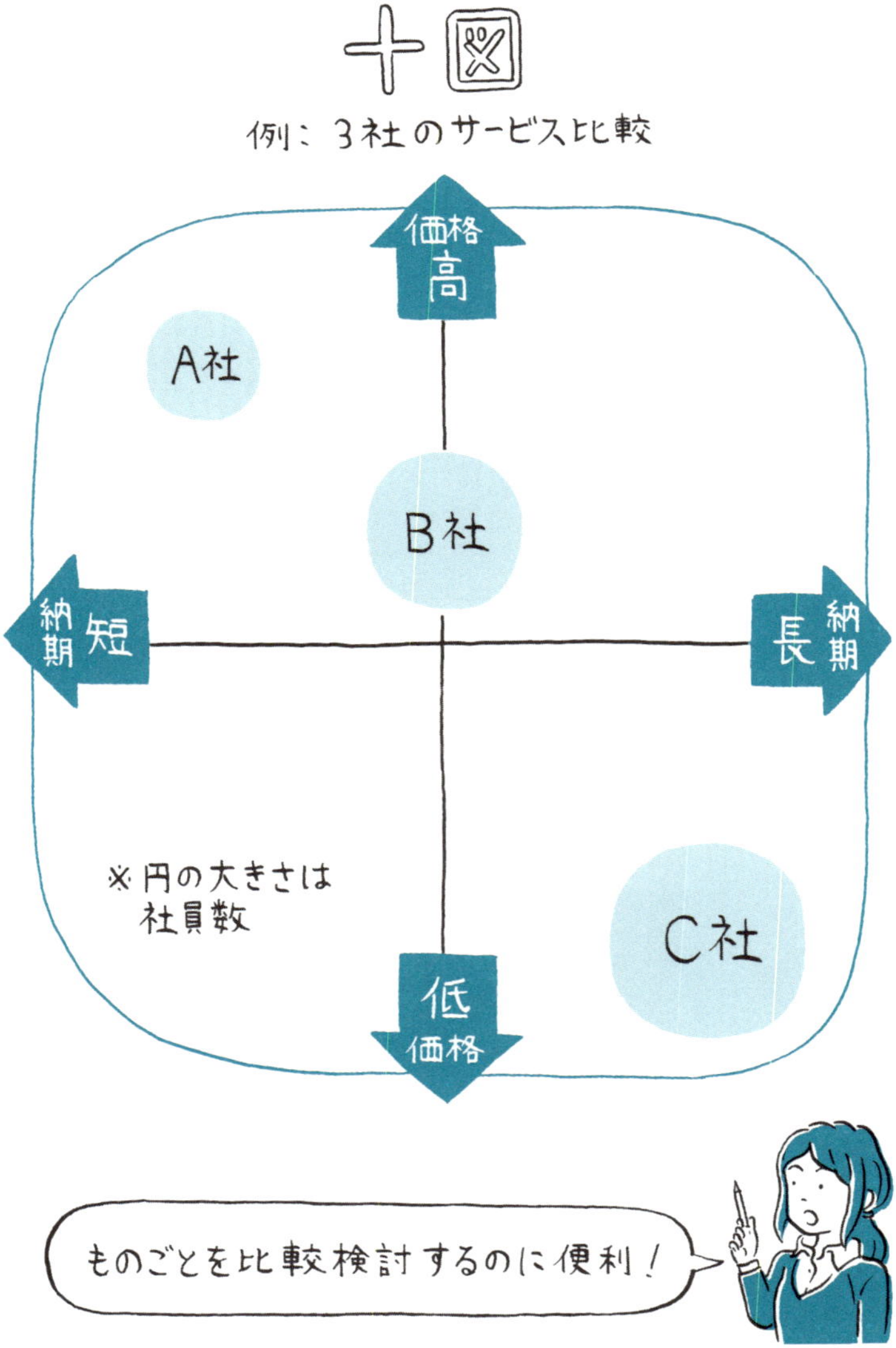

十図
例：3社のサービス比較
価格高
A社
B社
納期短
長納期
※円の大きさは社員数
C社
低価格
ものごとを比較検討するのに便利！

☑ ロジックツリー

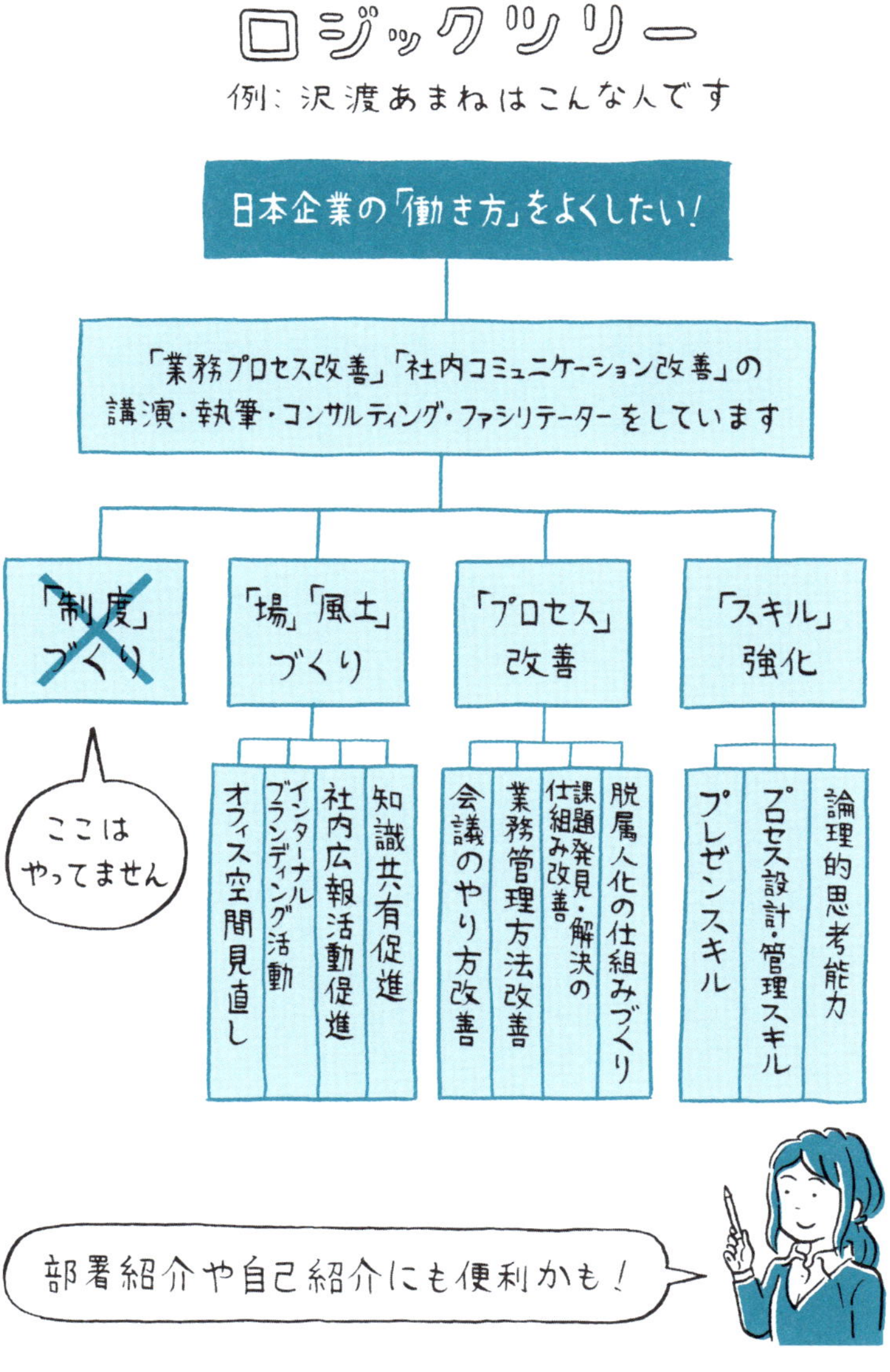

ロジックツリー
例：沢渡あまねはこんな人です
日本企業の「働き方」をよくしたい！
「業務プロセス改善」「社内コミュニケーション改善」の講演・執筆・コンサルティング・ファシリテーターをしています
「制度」づくり
「場」「風土」づくり
「プロセス」改善
「スキル」強化
ここはやってません
知識共有促進
社内広報活動促進
インターナルブランディング活動
オフィス空間見直し
脱属人化の仕組みづくり
課題発見・解決の仕組み改善
業務管理方法改善
会議のやり方改善
論理的思考能力
プロセス設計・管理スキル
プレゼンスキル
部署紹介や自己紹介にも便利かも！

COLUMN

結論の3つのバリエーション～限られた英語力でイイタイコトを相手に伝えるには

「結論を最初に言え」それが大事だとはわかりつつ、

「結論がなんだかわからない」

「英語でとなるとハードルが高く、カタまってしまう」

そんな声をよく耳にします。

英語コミュニケーションでは、結論の3つのバリエーションを使い分けるとスムーズに対話できます。

- **①文字どおりの結論**
- **②主張のタイプ**
- **③スタンス**

結論のバリエーション

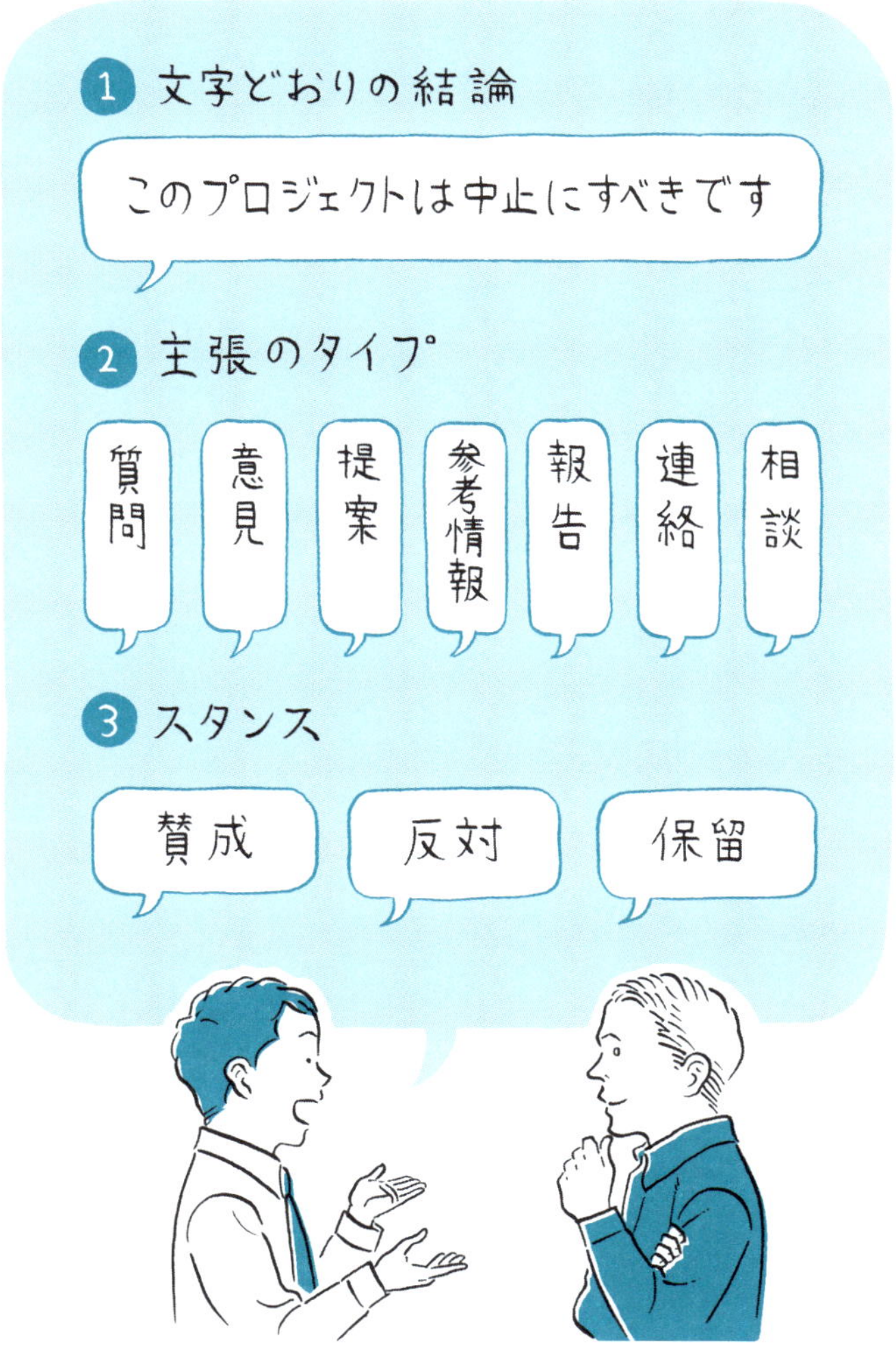
1 文字どおりの結論
このプロジェクトは中止にすべきです
2 主張のタイプ
質問
意見
提案
参考情報
報告
連絡
相談
3 スタンス
賛成
反対
保留

①文字どおりの結論

文字どおりの結論が明確な（そして言いやすい）場合は、それをズバっと伝えましょう。

「お昼食べに行きませんか？」
「製品Aの納期についてお話があります」
「会議の開始を30分遅らせましょう」

ところが、それだけではコミュニケーションがスムーズにいかない場合もよくあります。
あなたにも、こんな経験ありませんか？

例

あなた「製品Aの納期についてお話があるんですけれど……」
上　司「ん？　製品Aの納期について、キミはどんなことを話したいの？」
あなた「ああ……ええと……うんと……」
上　司「ぷんぷん！」

そんな時は、あなたがいったい相手にどんな話をしたいのか……すなわち「主張のタイプ」を最初に述べましょう。

②主張のタイプ

意外と大事なのがこれ。

「質問があります」
「この予算案について1つ意見を述べさせてください」
「提案があります」
「これはあくまで参考情報ですが……」

など、これからあなたがどんな主張を繰り広げようとしているのかを最初に述べる。相手は、これからどんな話がされるのかをあらかじめ理解して聞くことができます。

とくに外国人との英語の会話では、これが大事。ややこしい主張は、英語で考えて話すのに時間がかかりますが、主張のタイプなら即座に言いやすいです。

"I have a question."（質問があります）
"I have one suggestion."（1つ提案があります）

このとおり、中学1年生レベルの英語でシンプルに伝えられます。

③スタンス

会議など、意見を求められる場面では、まず最初にあなたのスタンスを明確にしておくとコミュニケーションがスムーズになります。

「わたしはあなたの意見に賛成です」
「反対です。なぜなら……」
「保留にさせてください。なぜなら……」

このようにスタンスを明確にしておくことで、その後のコミュニケーションが誤解なく、円滑に進みます。

よくいますよね。賛成なのか反対なのかよくわからない発言をする人。

例

「その意見、なかなかよさそうだね。でも、営業部の人間に協力を求めるのが難しそうだな。ううん……。じゃ、そういうことで!」

意味不明。そして、「そういうことで……」って、いったいどういうことなんでしょうね?(苦笑)。「賛成」「反対」「保留」を最初にズバっと示しましょう。

文字どおりの結論を言うのに躊躇する、あるいはうまく説明文が出てこない場合、②と③をまず示して、「自分はこれからどんなことを言おうとしているのか?」を伝える。会話の流れを止める。そこから、ゆっくり自分のペースで説明をしてみましょう。

話し方は企業文化や風土を作る

以上、職場の多国籍化に対応するためののコミュニケーションのポイントを見てきました。これらができていれば、いざあなたの職場に外国籍社員が来ても、中学レベルの英語で十分意思疎通できます。

コミュニケーションというと、個人のスキルの問題で片づけようとしがち。しかし、個人よりも組織ぐるみの取り組みこそ重要です。

・会議をCCF、NLCで発言するルールにする
・報告書の体裁をAREAで構成してみる
・会議室にはホワイトボードを設置し、率先して図解を使うようにする

これがシンプルに考え、シンプルに伝え、シンプルをよしとする企業文化や組織風土を育みます。

グローバルコミュニケーションというと、なんだか「プレゼンテーションの達人にならなければいけないのか?」「英語ペラペラにならなければいけないのか?」と高いハードルを想像してしまいます。それが、ますます私たちをグローバルから遠ざけてしまう。でも、なにもTEDのような大げさなプレゼンテーションをする必要はありません。TOEICの点数を上げようと躍起になる必要もありません。

難しいことを、難しい英語で説明できることに価値はありません（相手が英語ネイティブとは限らないですし）。「難しいことを、シンプルに説明できる」それを目指しましょう。

☑ 話し方は企業文化や風土を作る

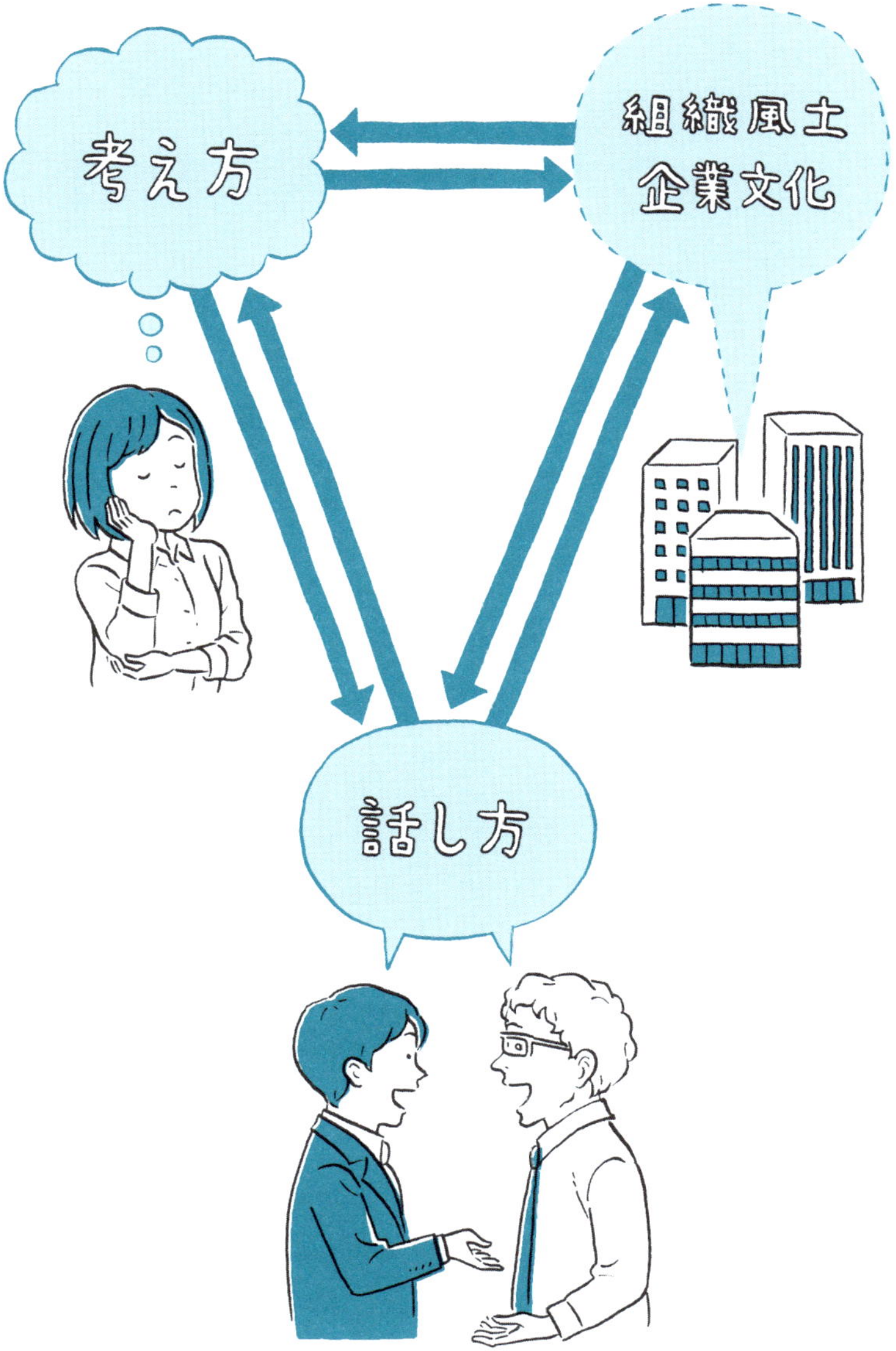

・業務の価値をシンプルに示す
・業務プロセスをシンプルにする
・自分をシンプルに伝える
・日々のコミュニケーションをシンプルにおこなう

ここでご紹介したポイントは、いずれも日ごろの日本人同士の日本語コミュニケーションでも効果の出るものばかり。そして、いざ多国籍化の波が来たときに慌てないようにするためにも、シンプルコミュニケーション、始めてはみませんか?

ところで、シンプルコミュニケーションが組織に定着すると、相手が遠く離れていても意思疎通がスムーズにできるようになります。すなわち、「出社至上主義」のやり方を変える足がかりにもなります(くわしくは3丁目でお話しします)。

最後に1つ。シンプルってスキルですか?

いえいえ、シンプルとは相手への「思いやり」

COLUMN

外国籍社員に違和感を覚える3つのポイント

外国人留学生は、総じて日本人学生より優秀です。日本語能力で点数が決まるもの以外、どんな採用試験をしても、外国人留学生のスコアはつねに日本人を上回ります。向上心とハングリー精神にあふれ、何ごとにも主体的に取り組みますし、自分をアピールする能力にたけています。加えて、日本に留学している外国人留学生であれば3か国語を話せるのは普通で、5か国語以上を操れる人もいるくらいです。

これから、日本人の若年人口は減少の一途をたどります。外国人留学生がもたらす多様性や、日本人にはない能力に着目し、彼らを積極的に採用していこうとする機運は高まるはずです。将来的には、「日本人より外国人留学生を多く採用する」企業がどんどん出てくるのではないかと思います。

もっとも、当然ポジティブな面ばかりではありません。内なる国際化が進んでいるとはいえ、いまだ多くの日本人は外国人に免疫をもっていません。新しい薬がよく効く良薬であるほど、慣れないうちは違和感が生じるものです。

では、外国人留学生を採用し、彼らといっしょに働くと、いったいどのような違和感が生じるのか？　ここでは、日本人上司が面食らう、「代表的な外国人部下の違和感」を3

つだけご紹介します。

①できないのに「できる」と言う

1つめはコレ。できないのに「できる」と言ってしまうことです。この派生パターンとして、問題があるのに「大丈夫」と言ってしまうケースも含まれます。

たとえばオフィスで、日本人上司が外国人部下に対してこう問いかけます。

「Aさんは前職でマーケティングの経験があるって言ってたよね。君に中国マーケットのマーケティング担当を任せたら、うまくできる?」

もし上司がこのようにたずねたら、Aさんは、まちがいなく「できる」と即答するでしょう。仕事をふられたとき、日本人は経験がなければ「できない」と言うのに対し、多くの外国籍社員は自分の能力を過信し、ときにはハッタリで「できる」と言います。1回でも経験があればまだマシなほうです。なかには、自分にはポテンシャルがあるという意味で、未経験なのに「できる」と言ってしまう者もいます。日本人とは明らかに「できる」の定義が違うのです。これは、国籍を問わず当てはまります。

この話を知り合いの中国人女性にしたとき、彼女はそんなの当然といわんばかりの顔つきでこう答えました。

「できないなんて言ったらチャンスがなくなるから、どんなことでも『できる』と言うのはあたりまえ。その時点でできなくても、『できる』と返事した後に、だれかの助けを借りてできるようにすればいいんです!」

日本人上司は、外国人部下が本当にできるのかを、その都度きちんと見きわめる必要があります。外国人をマネジメントするには、日本人の場合とは違った意味での「行間を読む力」が求められるのです。

②真意がなかなか伝わらない

突然ですが、ここで問題です。次の日本人上司の言葉には、外国人部下には使わないほうがいい言い回しが含まれています。それはどこでしょうか?

「さっき決まったんだけど、今度の会議で、例のプロジェクトについて急遽プレゼンすることになったんだ。ハスナさん、時間があったら資料づくり手伝ってくれない？」

さて、どこかわかりましたか？　日本人同士であればごくフツーのありがちな会話ですよね。

まず、「例のプロジェクト」とあいまいに言っても、外国人部下は何を指しているのか明確にわかりません。相手が誤解しないよう、具体的に内容を示すべきです。

そして、「時間があったら」という言い方。おそらくこの上司は「最優先でやれ」と言いたいのでしょうが、この言い回しではその緊急性が伝わりません。ほかの仕事で手一杯であれば、ハスナさんは「いまは時間がありません」と難色を示すはずです。

日本人はこういった「あいまい言葉」や「婉曲表現」をよく使い、相手に言外のニュアンスを汲み取ってもらおうとします。私は、これを「甘えのコミュニケーション」と呼んでいます。外国人部下に対しては、気づきを促すコミュケーションスタイルは通用しません。〝ホンネで〟〝はっきり〟〝具体的に〟〝細かく〟伝えることです。常識や「言わずもがな」と思われる内容でも、いちいちすべて言語化する必要があるのです。

③すぐに辞める

違和感の3つめとして、高条件の転職先が見つかれば、いともかんたんに会社を辞めてしまう点が挙げられます。それは、彼らの会社に対する想いが日本人と根本的に異なるからです。

彼らにとって、会社とは「生活の糧を得るために、一時的に帰属する場」にすぎません。そのため、忠誠心や帰属意識は概して低く、「ここにいても仕方ない」と判断した時点で、その会社は固執する対象ではなくなります。

どうすれば、外国籍社員のこのような意識を変えることができるのでしょうか？

最適解をいえば、人事制度を抜本的に変え、年功要素を排した、国籍や性別に関係のない実力主義を導入するのがベストですが、少数派の外国籍社員のために人事制度を変えることなどすぐに実現できる話ではないでしょう。

私は、外国籍社員の忠誠心を上げるための現実解は、人を大切にするかつてのウェットな日本型労務管理にあると考えています。

「あなたはわが社に必要な人材だ」

「この会社でいっしょに夢を実現していこう」

そんな熱いメッセージを、上司が定期的に伝えていくことが重要です。

多くの外国籍社員は、会社に対する忠誠心は希薄ですが、個人に対しては強い忠義心を発揮します。「自分を正しく評価し、期待をかけてくれる相手に対し、できるだけ報いたい」という気持ちは、日本人社員以上にもっています。彼らを動かすのはコミュニケーションと情であり、その濃度が高くなればなるほど、彼らの忠誠心や帰属意識は確実に高まっていくのです。

外国籍社員がもちこむ多様性は、最初は社内に大きな「違和感」を生むかもしれません。ただそれは、旧態依然としたやり方を続けてきた日本企業が、新しい段階に進むために飲まなければならない〝苦い薬〟と受け止めるべきです。彼らは確実に、日本人だけではなしえない効用をもたらしてくれるはずです。さしあたっての違和感は、日本企業が多様性を取り入れるうえで味わわなければならない、産みの苦みといえるでしょう。

千葉祐大《ちばゆうだい》

一般社団法人キャリアマネジメント研究所　代表理事／大学・専門学校非常勤講師。

1970年生まれ。花王株式会社に約12年間在籍し、人事部門、化粧品部門でキャリアを積む。2002年から香港、上海に駐在し、化粧品の販売担当責任者として現地スタッフをマネジメントした経験をもつ。2006年よりコンサルタントおよび講師業を始め、現在は全国の企業や教育機関で年間200日以上、おもに「人」に関する研修や講義をおこなっている。普段から外国人と接する機会が多く、「教えた留学生の数が日本一多い研修講師」を自認している。これまで指導した外国人留学生の数は、59ヵ国・地域、のべ6000人以上におよぶ。

働き方の問題地図

BUS

2丁目

正社員だけ

行先

1億総疲弊社会

社員だけで仕事を回すのは限界

「え、グローバル？　職場が多国籍化する？　ああ、ウチの会社には関係ないや。日本にしか事業所ないし、社員も日本人しかいないし」

ほっとひと息。……というわけにもいきません。多様化が進むのは国籍だけではありません。雇用形態の多様化も進行しつつあります。

私は、日産自動車、ＮＴＴデータ、製薬会社などで、次のようなチームのリーダーやマネージャーを勤めてきました。

- **派遣社員、業務委託の混成チーム**
- **業務委託先（日本と中国）、フリーランスの人、再雇用の人との混成チーム**

妻に「なんだか合体ロボットみたいなチームだね」といわれたことを覚えています。たしかに、そんなイメージかもしれません。

☑ 正社員オンリーの組織は絶滅危惧種に!?

IDC Japanが2016年4月に発表した予測によると、国内のビジネスプロセスアウトソーシングサービス（企業が自社の業務の一部または全部を外の会社に委託する行為）の規模は、2016年が7017億円、2021年には8427億円と年々増加傾向にあります。人材派遣やフリーランスの人との協働も加味すると、社外の人と仕事する機会はさらに増えるでしょう。

労働人口が減少する時代。社員だけで仕事を回すには限界があります。正社員のみの組織は、もはや絶滅危惧種!? 派遣社員・契約社員・再雇用・業務委託にフリーランス――そんな混成チームがあたりまえになりつつあるのです。

正社員だけの組織が危うい5つの背景

外注。外の人の力を頼る。その目的は、単なる労働力の確保だけではありません。正社員だけの組織は、さまざまなリスクを抱えます。

①専門性の欠如

IoTだの、AIだの、ブロックチェーンだの、小難しいコトバが飛び交っています。

また、コンプライアンスやらなんやら、なにをするにも息苦しくなってきました。最新の技術、法的知識、あるいは特殊分野での経験。それらをスピーディに身につけるには？

「気合と根性でナントカするんだ！」

そう騒いでいても、どうにもなりませんよね。さあ、どうしたものか……。

②高コスト化

「気合と根性でナントカする！」

それが一概に悪いとはいえません。しかし、なじみのない分野、不得意な仕事を単価の高い正社員が続けるのは、コストの面でも問題です。

「自分、不器用ですから」

そう思ったら、自分たちでやらない方法も考えたほうがよさそうです。

……と、ここまではよく聞く内製のデメリット。意外と気づきにくい、正社員のみ職場のリスクがこちらです。

③属人化

ある業務の知識やスキルが、特定の人にひもづく状態――いわゆる「属人化」。1人の社員が抱えてしまい、休めない、異動できない、辞められない、そして引き継げない。うん、組織と個人、両方のリスクですよね……。

④マンネリ化

同じ業務を、同じ社員がずっと担当していると、マンネリ化しがちです。

たとえば、企画業務。10年、20年選手がずっと担当していると、新たな発想は生まれにくくなります。時に、自己流の自己満足の仕事ぶりにしかならないことも。そんな状態では、付加価値なんてとても期待できません。

⑤ガバナンス・コンプライアンスのリスク

たとえば、発注業務。業者の選定と経理システムへの登録、発注、検収、支払い――こ

☑ 苦手だと思ったら外に出そう

れらすべてを同じ部署や同じ社員が担当していると、架空発注など不正の温床にもなりかねません。コンプライアンス違反が、企業の屋台骨を砕く一大事になりえる。いまさら語るまでもないでしょう……。

「餅は餅屋」が生産性アップ、不正防止につながる

目指すは、脱正社員のみ職場。積極的に外の力を頼りましょう。

「餅は餅屋」それが一番です。何でも自社や自組織でやろうとする。たとえるなら、いま東京にいる人が「すぐ、大阪に行け！」と言われて、自力で東京－大阪間に専用道路を敷設しようとするくらい無謀。自社や自組織のコアコンピタンス（＝核とする能力・分野）以外の業務は、外注を視野に入れましょう。

また、業務の種類や分野によっては、外の専門家に頼んだほうが安くあがる場合があります。不得手な社員がやって8時間かかる仕事も、社外の得意な人たちに任せれば2時間で終わるかもしれません。その分、生産性も上がり、コストメリットもあります。

外の専門業者に任せれば、その業務を委託先の複数の人で回せるようになります。脱属人化、安定化につながります。外の専門家を加えたチーム編成にすれば、マンネリ化も防

げます。

さらに、業務プロセスの一部を外に出すことで、客観性をもたせることができます。自分で発注申請して、自分で承認し、自分で支払いするなどの不正の抑止。すなわち、ガバナンス（内部統制）やコンプライアンスの強化になります。

外の力をうまく活用するために必要な3つのスキル

……といっても、いったいどうしたらいいのやら。あいまい、属人化した業務ならなおのこと、どこからどう手をつけたらいいのかわからない。そのまま外に出そうとしようものなら、俗にいう「丸投げ」にしかなりません（もちろん、その業務の重要性次第で「丸投げ」が一概に悪いとは言えませんが）。

外の力をうまく活用してパフォーマンスを発揮するチームを作るためには、3つのスキルが求められます。

- **①業務プロセス設計スキル**
- **②外注管理スキル**

・③リーダーシップ

①業務プロセス設計スキル

自組織にはどんな能力が足りていないのか？
外部のパートナーに何を求めるのか？
必要な知識・スキル・リソースは？
何を外に出して、何を中でやるのか？
発注者と受注者の役割と責任は？
求めるサービスレベルやアウトプットは？

このような業務要件やプロセスを定義・設計できるスキルが求められます。なあなあ、あいまいのままではイケマセン！

②外注管理スキル

「業務がきちんと遂行されているか？」
「何か問題は発生していないか？」

仕事を外に出す以上、こういったことを管理できるようにしなければなりません。「丸投げ」で済ませられれば、仕事を出す発注者側はラクです。しかし、そのラクさに依存していると、いつのまにか業務のブラックボックス化（何がおこなわれているかわからない状態）・高コスト化・属人化の歴史が再び刻まれ始めます。

③リーダーシップ

仕事を外注する場合、あるいは外の人を加えた混成チームでプロジェクトを進める場合、中の社員だけで仕事を進める以上のリーダーシップが発注者（あるいはリーダー）には求められます。

企業文化も背景も異なる人たちとのチームワーク。

その仕事の目的はなにか？
目指す方向性は？
チームとして大切にするポリシーや価値観は？

それらをきちんと示し、伝えられるようにしたいものです。
では、この3つのスキルを補うにはどうしたらいいでしょうか?

「サービスカタログ」が身を助く

業務プロセス設計スキル……と聞いて怯む必要はありません。1丁目で作りましたよね。そうです、「サービスカタログ」です。サービスカタログとは、あなたのチームの業務一覧。各業務の目的、インプット、アウトプット、成果物、関係者、業務の実態(業務量や効率など)を定義したもの。サービスカタログができていれば、あなたの業務の定義はほぼ終わったも同然です。

後は、外注する対象業務のフロー図を作ったり、必要に応じて手順書を作れば外注準備は完了。

「とにかく、サービスカタログを作る」

これが肝心です。

定義↓測定↓報告のサイクルを回そう

外注を管理するために、最低限必要な活動は３つです。

①定義
②測定
③報告

たとえば、部門内のヘルプデスク業務を外部委託するとします。

・1日あたり、どれくらいの問い合わせがあって？
・どんな種類（質問・相談・クレーム・要望など）の問い合わせがあって？
・それらは、どんな手段（メール・電話など）でおこなわれていて？
・解決時間や解決率はどのくらいで？

……このような状況を把握しておきたいもの。それには、何を測定してもらうかを定義し、それを測定してもらい、定期的に報告してもらう必要があります。また、外注先で解決できない問題があったときの報告ルールや手段も決めておく必要がありますね。報告書のフォームもあらかじめ決めておきましょう。

「定義→測定→報告」

このサイクルを回しましょう。

チームの「強み」と「弱み」を洗い出しておこう

「自社や自組織の弱みを補いたい。外の力を借りたい」

そのためには、現状のチームの強みと弱みを把握することが大事。これまた、かんたんな図でかまいません。Ｅｘｃｅｌシートで十分。チームのメンバーで話して、洗い出してみてください。そうすることで、自分のチームに何が足りないのかが明確になります。

チームの「強み」と「弱み」を一覧に

また、洗い出した「強み」「弱み」は、外注する相手先にも見せるといいですね。自分たちに何が求められているか？　何を期待されているのか？　それを相手にわかってもらい、必要な力を借りやすくなります。同じゴールに向かって、ともに進む仲間。強がりや弱がりは禁物。強力な協調関係は、お互いの自己開示から始まります。

多様化、複雑化が進む一方、スピードが求められる時代。なんでもかんでも自分たちでやろうとしたら、競合他社に遅れをとってしまいます。外をうまく使うチカラ、外との働き方。これから、いよいよ重要になってきます。

あ、最後にひとつ。外注とは、「自社にない専門能力や特殊能力を買う行為」です。安易なコストダウン要求や買い叩きに走らぬよう。いい外部人材が、あなたの会社に寄りつかなくなります。たとえ取引先でも、会議室を一歩出ればお客様。とくに調達部門などにいる人は、お忘れなく！

働き方の問題地図

BUS

3丁目

完全出社主義

行先

1億総疲弊社会

あなたたちはイタいカップルですか？

～四六時中顔をつきあわせていなくたって仕事はできる

シーン1

ねぇ、ずっといっしょにいてよ……

女「ねえ、明日もまた会えるよね？」
男「ごめん。明日はひさしぶりに友達と飯食おうと思うんだ」
女「ええ！　なんで？　毎日いっしょにいてくれないのはイヤ」
男「そういってくれるのはうれしいんだけど。でも、必ず電話かLINEするから！」
女「えぇぇ～。電話、LINE？　そんなんじゃダメ。あたしとちゃんといっしょにいて！」
男「（まいったなぁ……）わかった！　じゃあ、友達との約束は断るわ」
女「ほんと？　あたし、あなたのこと大大大好き。これからもずっといっしょだよ！」
男「そうだね。大好きだ♪」

……はい、カット！　そこまで！

あなたの職場、こんな感じになっていませんか？　……といっても、オフィスの恋愛事情を詮索したいワケではありません。職場における、上司と部下の関係のおハナシです。このラブラブシーン、職場にたとえるところです。

シーン1　ねぇ、ずっといっしょにいてよ……〈職場編〉

上　司「……じゃあ、続きは明日、また打ち合わせして話そう」
部　下「あ。すみません、明日は家族と予定があって、有給入れてるんですけど」
上　司「ええ？　そりゃ困るな」
部　下「なら、電話会議かメールで報告しますので」
上　司「そんなんじゃダメだ。仕事ってのは、きちんと顔を突き合わせてなんぼだろう。そもそも仕事というものは……」
部　下「（なぜ、そこまでして対面にこだわる……）」

「やはり仲間同士、顔を合わせていないとね」

☑ ねぇ、ずっといっしょにいてよ……

わかります。わかるんです！　対面コミュニケーションは大事。面と向かって仕事をするに越したことはない。

でも、これからの時代、出社主義の働き方に依存していたら、業務そのものが脆弱になってしまうおそれがあります。すなわち、あなたの組織が弱くなってしまう！　データとともに見ていきましょう。

このままでは世界に負ける！出社時点でヘトヘトな日本の労働者たち

日本の労働生産性の低さが問題視されています。日本生産性本部のレポート※によると、日本の時間あたりの労働生産性は、ＯＥＣＤ加盟35か国中20位（２０１５年の調査）。３位のベルギー、５位のＵＳＡ、６位のフランス、７位のドイツなど欧米先進諸国と大きく差が開いていることがわかります。

※「労働生産性の国際比較２０１６年版」公益財団法人 日本生産性本部
（http://www.jpc-net.jp/intl_comparison/intl_comparison_2016_press.pdf）

この生産性の低さに追い打ちをかけるのが、通勤時間の長さ。日本の通勤時間の実態はどんなものか？　総務省統計局が２０１６年に実施した、全国47都道府県の通勤・通学時間をまとめた統計データを見てみましょう。

はい、このとおり！　全国平均、片道1時間14分。トップは神奈川県で、なんと1時間40分！（ちなみに、睡眠時間の長さランキングの最下位も神奈川県です）かくいう私も、栄えある第1位の神奈川県から都内の会社に通っていたのですが、そりゃもう毎日ヘトヘトでした（挫折して都内に引っ越し、今に至ります）。

さらにダメ押しで、鉄道のトラブルが何の罪もない通勤者の行く手を阻みます。P.１０４のデータを見てください。２０１６年4月に国土交通省がまとめた、東京圏の鉄道各線の輸送障害件数の推移です。

見事に右肩上がり！　年々悪化しています。

当然のことながら、通勤で苦しんでいる時間、鉄道トラブルで足止めを食らっている時間は、なんの仕事のアウトプットも生みません。仕事止まりっぱなし。おまけにプライベートの得にもならない。

会社に到着した時点で、ヘトヘト。出社しただけでほめてもらいたいくらいなのに、なんの感謝もリスペクトもされずに、夕方になれば上司から平気で残業を押し付けられる。

☑ 日本の通勤時間の全国平均は「片道1時間14分」

通勤・通学時間が長い!? ランキング

1	神奈川県	1時間 40分
2	埼玉県・千葉県	1時間 34分
4	東京都	1時間 30分
5	奈良県	1時間 28分
6	兵庫県	1時間 23分
7	大阪府	1時間 18分
8	京都府	1時間 16分
9	茨城県	1時間 13分
10	愛知県	1時間 12分
	全国平均	1時間 14分

出典：総務省統計局 平成28年社会生活基本調査『47都道府県通勤通学時間が長い!? ランキング』

☑ 鉄道各線の輸送障害件数は右肩上がり

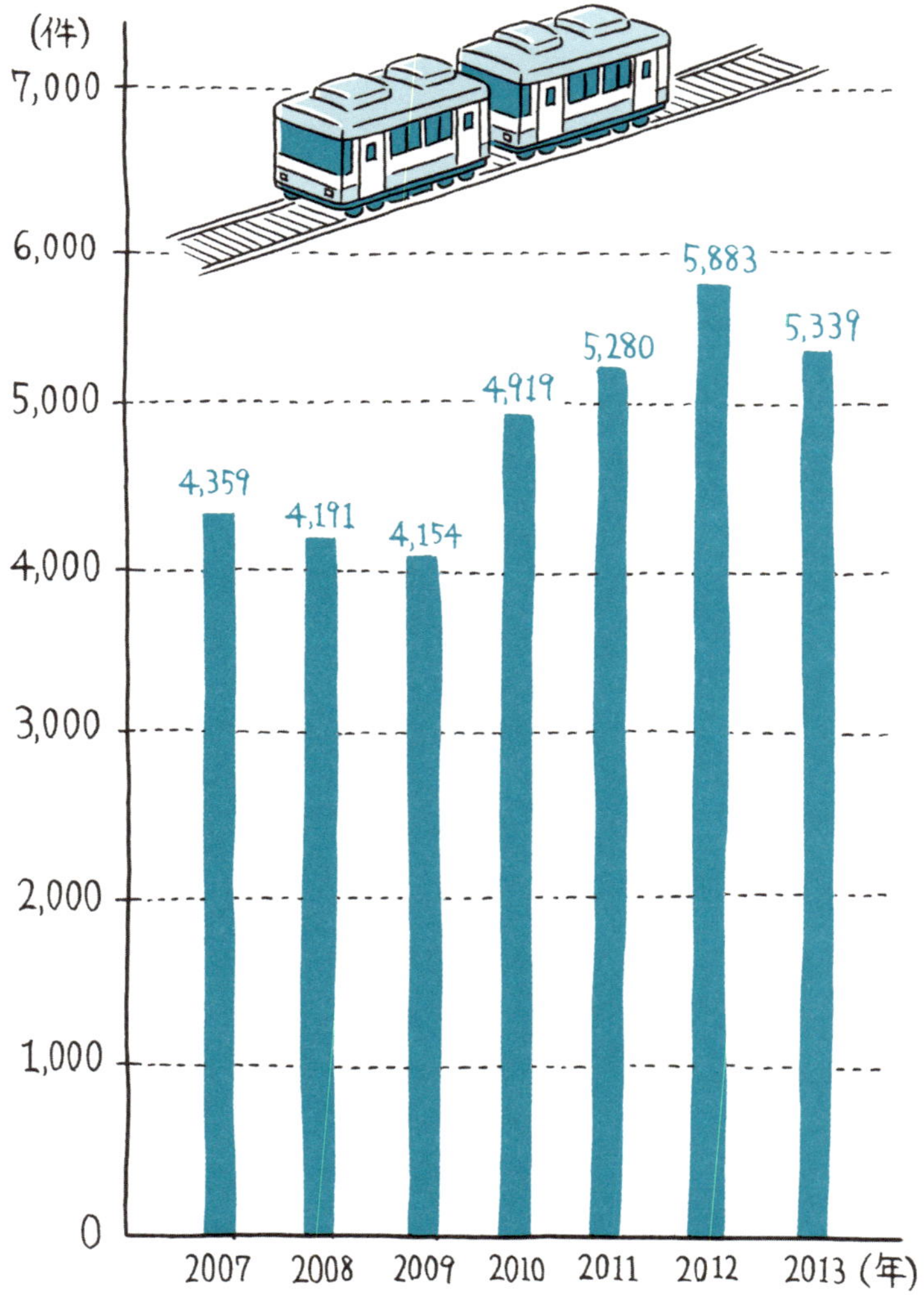

出典：国土交通省 遅延対策ワーキング・グループ
最終取りまとめ 2016年4月20日

この事実、もっと嘆きましょう、怒りましょう！

日本人、損しまくり！

「長時間の通勤は、日本人の宿命」
「日本のサラリーマンは、通勤ラッシュに耐えてあたりまえ」

この常識、そろそろ捨てませんか？　個人の時間の浪費とストレスも問題。ですが、それ以上に……

仕事を始める時点ですでに、日本人は世界に大きく差をつけられている！

これこそ、由々しき問題です。

快適にクルマ通勤している人と、2時間近く混んだ電車でもみくちゃになっている人とでは、体力もモチベーションも差がついて当然。しかも毎日ともなれば、その開きは相当なものになります。

鉄道の運行状況に左右される仕事のやり方、鉄道のせいで疲れ果てる人生、いつまで続けますか？

加えて、悪化する地球環境。これも私たちの仕事を激しく邪魔します。大型化する台風や地震。地域かまわずやってくる、迷惑降雨や迷惑降雪。この文章を書いている今も、滋賀県は30年に一度の大雪にみまわれ、交通は大混乱。生活や仕事に影響を及ぼしています。

「ウン十年に一度の、〇〇」

もはや「いい加減にしてくれ」ってくらいおなじみのネガティブフレーズ。今日も私たちのため息の原因に。

地球環境が悪化する一方なのに、働き方だけ涼しい顔していままでと同じ……ってわけには、そろそろいかないでしょう。このままでは、地球にも負けてしまう！

☑ 出社時点ですでにヘトヘト

出社主義の働き方が私たちを弱体化させる

出社主義の働き方は、私たちの働く気力と体力、そして能力をも奪います。

仕事・家事・育児・介護・ＰＴＡ……
全部いままでどおりこなすなんて無理！

政府は「１億総活躍」せいと言っている。男性も女性も、老いも若きも働かなければならない時代。より多くの人に通勤を強いたうえに、家事に育児、さらには介護やＰＴＡなどの仕事まで乗っかってくる。

会社の仕事も、家事も、育児も、介護も、ＰＴＡも……すべてが「いままでどおりのやり方」を主張していたら、１億総活躍なんて成り立つわけがありません。それこそ、１億総疲弊にまっしぐら。それぞれの要素が、少しずつでも、いままでの慣習やこだわりを捨てていかなければなりません。こと仕事において、通勤はまっさきに軽減すべき要素といっても過言ではないでしょう。

☑ いままでどおりのやり方を続けると、1億総疲弊社会に？

個人のストレス面も心配ですが、出社主義は私たちの仕事のスキル面にも悪影響を及ぼします。

自主的に仕事を進めるマインド／スキルがいつまでたっても身につかない

いつもオフィスでお互い顔を合わせているのは便利です。しかし、その一方……

「阿吽の呼吸に依存しすぎてしまう」
「属人化が進む」
「報連相がされない」
「むしろ、仕事の進捗が見えない」

こんな職場も少なくありません。また、

「やらなくてもいい仕事もやってしまう」
「余計な会議に巻き込まれる」

こういった弊害もあります。

出社主義の働き方は、仕事を進める能力、管理する能力を向上させる機会を削いでしまいます。まるで親の目がないと宿題をやらずに遊びほうけてしまう子どものように、自主性のない子どもと、子どもを信頼できない親状態が続いてしまうのです。

また、いつも顔を合わせているからといって油断していると、こんなことにも……。

シーン2　お互いのこと、わかってなかったのね……

女「ねえ、話ってなに？　わざわざあらたまって……」
男「あのさ……別れよう」
女「えっ、えっ、意味わかんない。なにそれ？」
男「ごめんな……。じつはオレ、やりたいことがあって」
女「？？　なにそれ、はじめて聞いた」
男「弁護士になりたいと思っていてね。いまは勉強に打ち込みたいんだ」
女「え、ええ？　そんな夢があったの？　私てっきり、のんびり暮らしたいんだとばかり……」

男「そうか？　いままでにも、それとなく伝えてきたと思っていたけれど……」

女「……私たち、お互いのことよくわかってなかったみたいね。ずっといっしょにいたのに……」

ずっと顔を合わせているからといって、その実、お互いのことをまったくよくわかっていない。知らない。あなたの職場は大丈夫ですか？

「グローバル疲れ」

1丁目で出てきたグローバル化。これまた、組織と個人を疲弊させます。

ひとたび組織がグローバル化すれば、毎日早朝深夜に海外拠点とテレビ会議、電話会議、Ｗｅｂ会議が日常茶飯事になります。

想像してみてください。頭がまわっていない早朝、あるいは疲れた夜中に、しかも慣れない英語で離れた相手と会議する。ヘトヘトになって当然。なのに、会社は容赦なく「明日もみんなと同じく、キチンと定時に会社に来てね♪」と通常勤務を要求する。早朝会議＋深夜会議＋通常勤務＋通勤――遅かれ早かれ、疲弊します。

私の友人で、所属部門がグローバル化して連日連夜、英語の電話会議に参加している人がいます。会うたび、疲れていくのが目に見えてわかる。近い将来「グローバルうつ」が社会問題になりそうな気がして、心配でなりません。

キャリア継続を妨げる

「出社するしか、働き方のオプションがない」これは、働きたい人のキャリア継続を妨げます。

- **親を介護しなければならなくなった。実家が遠いため、通勤は無理。泣く泣く仕事を辞めざるをえない**
- **出産後、リモートで自宅からでもいいから働きたいのに、いまいま育休を取るしか会社に残る選択肢がない**

本人は働きたいのに、せっかく能力も高い人なのに、キャリアに穴を開けてしまう。会社にとっても本人にとっても、損失ですね。

さらに、子育てにはお金がかかります。「できることなら、少しでも働いて稼ぎたい」

そう願う人もいるのです。キャリアの問題については、5丁目でもお話しします。

- 組織のグローバル化
- 仕事の細分化、外注化
- 介護、育児、家事、PTAなどの地域行事と仕事のかけもち
- 定年延長

これらの環境変化とうまくつきあうには、終始対面前提の働き方は改めなければなりません。

「テレワークなんて無理に決まっている⁉」3つのウソを斬る

自宅や旅先にいながらにして、パソコンやモバイルデバイスで仕事をする働き方――それがテレワーク。総務省は、テレワークを「ICT（情報通信技術）を活用した、場所や時間にとらわれない柔軟な働き方」と定義しています。ここでは、在宅勤務に絞ってテレ

☑ 世界各国の企業のテレワーク導入率

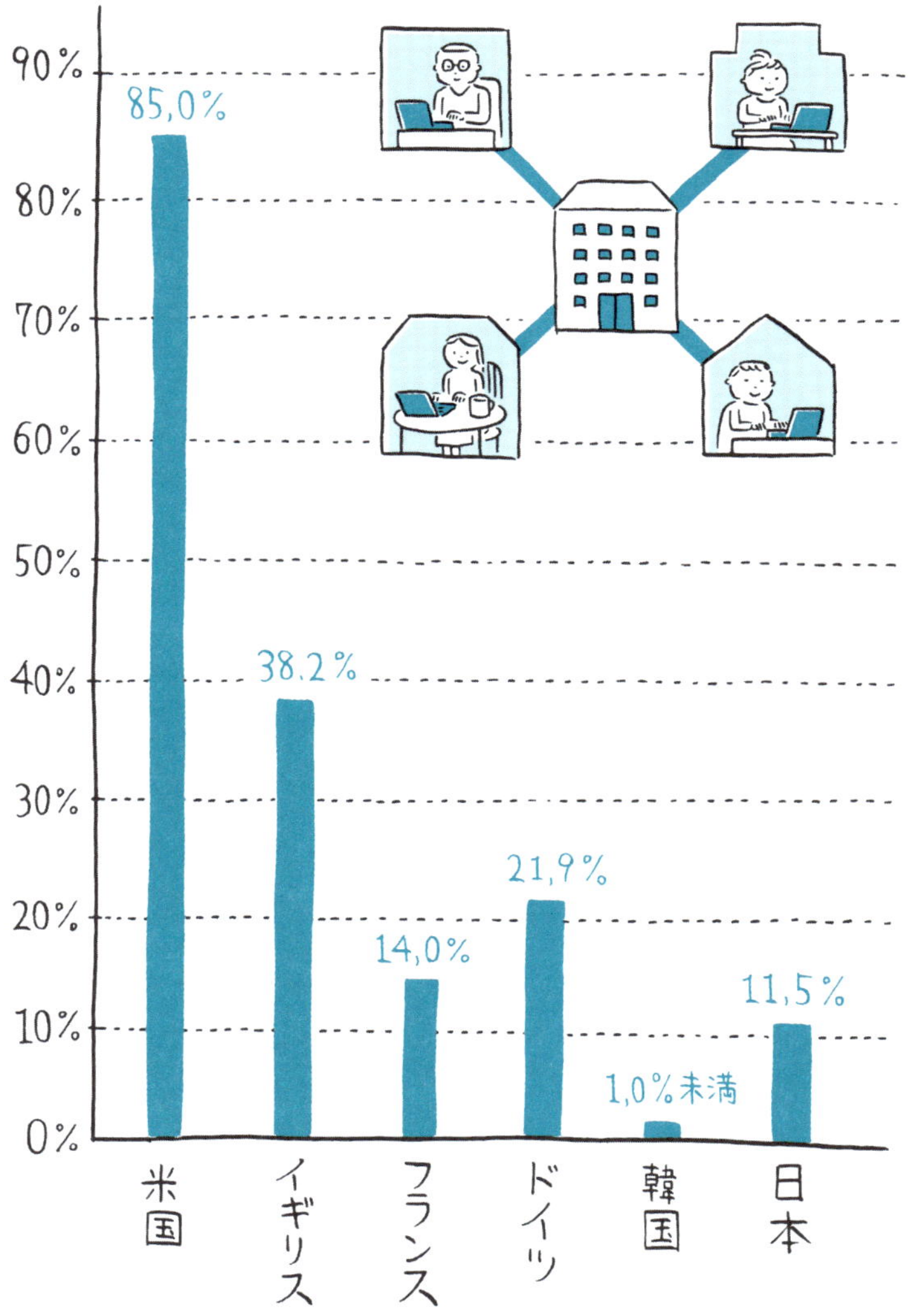

出典：テレワーク推進に向けた政府の取組について

ワークをとらえてみたいと思います。

総務省は２０２０年までに、テレワーク導入企業を２０１２年度比で３倍、週１日以上終日在宅で就業する雇用型在宅型テレワーカー数を全労働者数の10％以上とする政府目標を設定しています。※日本ではまだまだ普及が進んでいませんが、これからの時代の働き方の１つになるでしょう。

これからの時代の課題を解決できる、とてもいい働き方……なのに、テレワークの話をすると、必ずこんな反発の声があがります。


「部下が怠けるかもしれない」

「コミュニケーションが悪くなりそう」


ちょっと、ちょっと待った！

なにも、まったく顔を合わせない状態で働けと言っているわけではありません。週のうち何日か、月のうち何日かテレワークというスタイルが一般的ですし、そうでなくてもうまくコミュニケーションをするやり方はあります。

※テレワーク推進に向けた政府の取組について（http://www.soumu.go.jp/main_content/000433143.pdf）

……と、その前にテレワークへの誤解を解いていきましょう。

「部下が怠ける」のウソ

シーン3　だって、浮気するかもしれないじゃない！

男「あ、俺ちょっと図書館寄ってくわ。じっくり読みたい本があるんだよね。じゃ、また」
女「それなら、借りてきてウチでいっしょに読みなよ」
男「ううん。図書館のほうが落ち着いてゆっくり読めるんだよね」
女「わかった、そんなことといって、ほかの女の子をナンパするんでしょ！　目を離すと、なにするかわかんないんだから……」
男「（俺、そんなに信用されてないんかね。とほほ）」

シーン3　だって、浮気するかもしれないじゃない！〈職場編〉

部　下「あ、明日は在宅勤務にさせてください。娘が熱を出したみたいで、面倒みながら仕事したいんです」
上司「はぁ、在宅勤務？　うちの部署はダメ」
部下「ええ？　なぜでしょう。前の部署ではOKでしたけど……」
上司「だって、さぼるかもしれないでしょ。離れている部下の管理なんてできないし」
部下「(僕、そんなに信用されていないんですか。とほほ)」

「部下が仕事しているかどうかわからないじゃない。怠けるかもしれないからダメ」

テレワークを拒絶する管理職の代表的な意見がこれ。聞いていて、「あなたの職場はそんなにも信頼関係がないんですか？」と悲しくもあり、管理職の資質を疑いたくもなりますが、こんな声は少なくありません。

これ、ダウト！

ズバリ言います。

会社に来ていたって、サボるヤツはサボる。

コソコソ（あるいは堂々と？）とネットサーフィンをやっている人もいれば、一生懸命仕事しているフリをしている人もいる。離席が多く、タバコ部屋に入り浸っている人の姿も。ある程度の規模の組織であれば、「宿命」みたいなもの。「テレワークだからサボる」という決め付けは、早計すぎやしませんか？

「コミュニケーションを悪くする」のウソ

むしろ、その逆です。やり方次第では、職場のコミュニケーションをよくします。私自身、部下と上司、両方の立場でテレワークをしてみて、それを実感しています。

テレワークと出社勤務を併用していると、上司または部下が出社しているときのコミュニケーションのやり方が変わります。

・**対面でしかできないような込み入った話を、目的を持って、きちんと時間をとっておこなうようになる**

・**打ち合わせや会議を、目的をもって設定するようになる**

すなわち、目的意識が向上します。いままでは顔を合わせているのがあたりまえだったので、コミュニケーションもだらだらだったり、むしろ疎だったのが、「顔を合わせているときにしかできない」コミュニケーションを計画的におこなうよう職場の風土が変わりました。

毎日職場の全員が全員、顔を合わせているからといって、コミュニケーションがいいとは限りません。お互いわかり合っているつもりになって、阿吽の呼吸に依存して、「じつは意思疎通できていなかった、わかり合っていなかった……」よくある話です。

「テレワーク」は、職場のコミュニケーションをよくする！

ぜひ、食わず嫌いせずチャレンジしてみてください。

「過去に失敗したから、ウチにはなじまない」のウソ

「いやー、うちの会社、じつは過去にテレワークをやっていたことあるんですよ。その時、うまくいかなくてね。止めてしまいました」

たまに聞く失敗体験談……からの、二度とやりません宣言。これ、とても残念! ええと、時代が早すぎたんじゃないですか? あるいは、単にやり方がまずかっただけでは?

時代も技術も仕事のやり方も確実に進化しています。いまやコミュニケーションを補うツールも増えてきましたし、業務進捗管理やマネジメントの方法論も確立されてきています。世の中の成功事例も増えてきました。失敗体験にとらわれず、「当時はなぜダメだったのか?」をキチンと振り返り、あらためてテレワークの可能性を検討してみましょう。過去の「黒歴史」に引っ張られて、未来の歴史も暗くしてしまうのは、あまりにもったいない……。

徹底比較：テレワークと時短勤務の違い

「育児や介護と仕事の両立を考えるのなら、時短勤務でいいんじゃない？　わざわざ、テレワークなんて導入しなくたって……」

これまたよく声です。そこで、時短勤務とテレワークの1日を比較してみましょう。

時短勤務

9：00➡通勤➡10：00勤務開始➡〈仕事〉➡15：00勤務終了➡通勤➡
16：00自宅到着～〈プライベート〉

テレワーク

9：00勤務開始➡〈仕事〉➡11：00勤務中断➡〈プライベート〉➡13：00勤務再開➡
〈仕事〉➡16：00勤務中断➡〈プライベート〉➡18：00勤務再開……

☑ 時短勤務の1日 vs. テレワークの1日

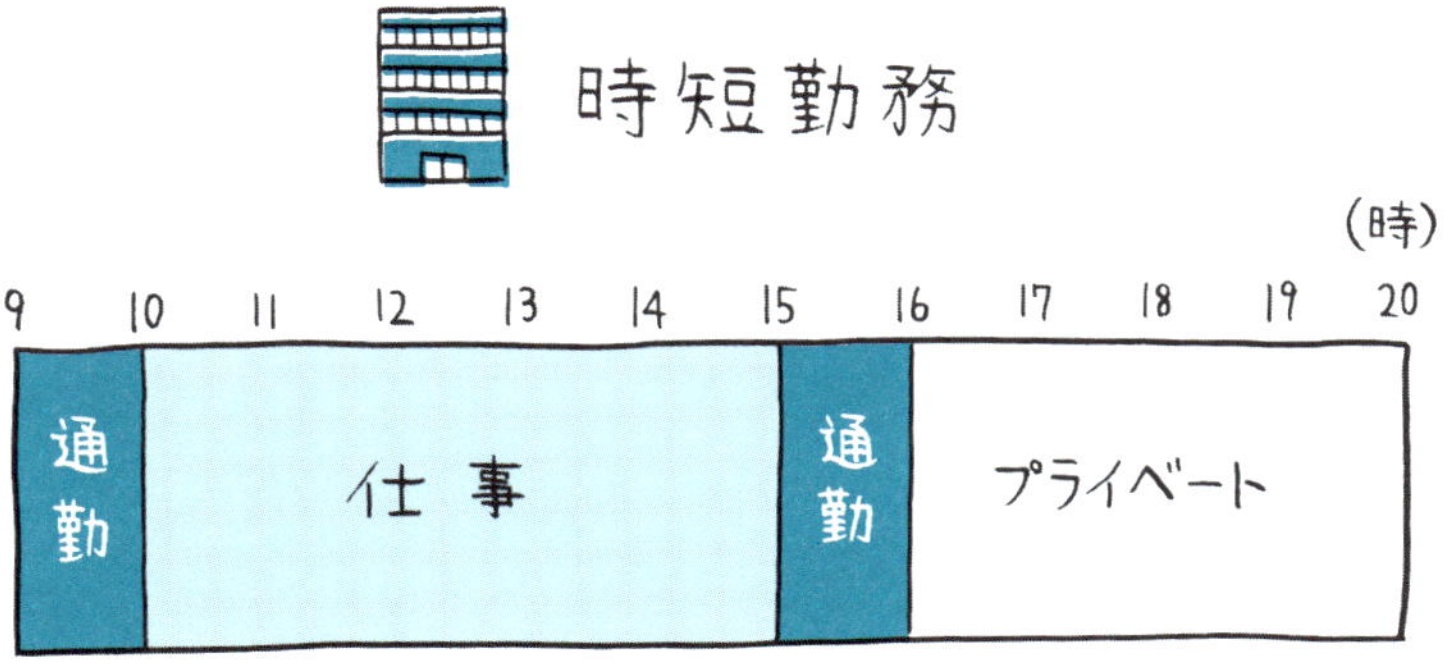

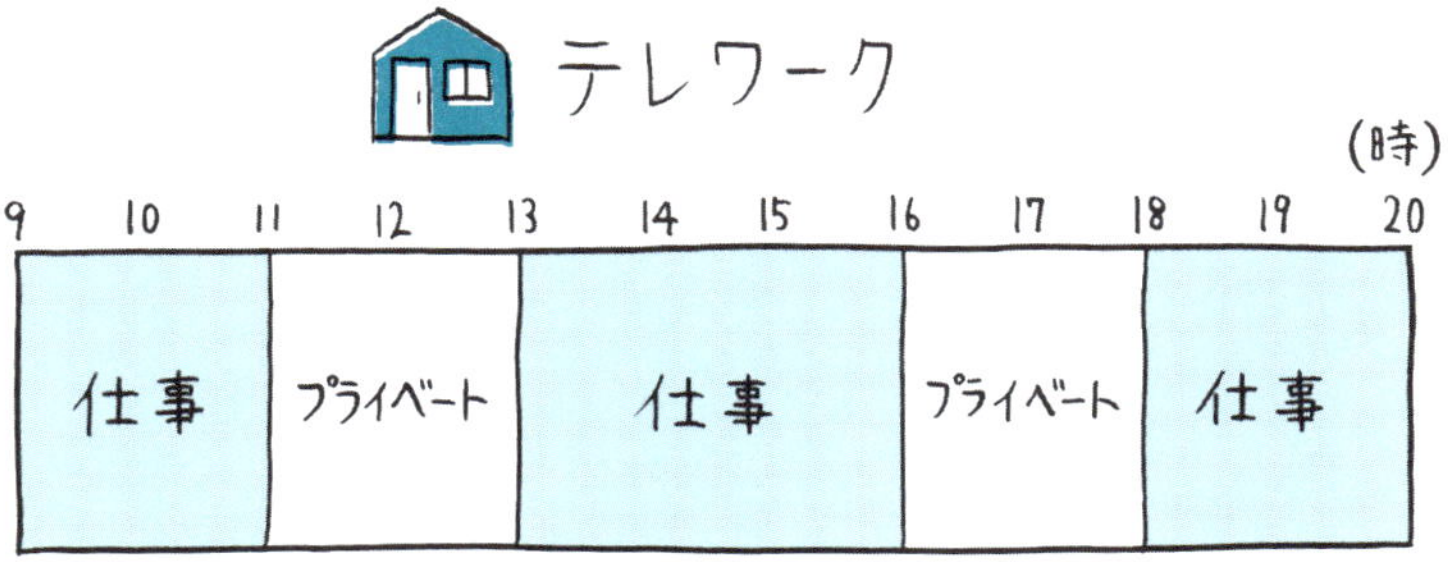

いかがでしょう？　テレワークには、時短勤務にはない２つのメリットがあります。

①「仕事」と「プライベート」を細切れにできる

時短勤務の場合は、出社勤務なので、一度出社したら退社時間までずっと会社に拘束されます。日中の時間帯にプライベートな時間を取ることはできません。
それに対し、テレワークなら仕事とプライベートを交互におこなえます。

・プライベート／仕事の切り替えを、移動を伴わずして瞬時におこなえる
・結果として、仕事／プライベートを非連続に「細切れ」でおこなえる

テレワークの大きな特長です。

「日中の時間帯に、地元の銀行や役所に行かないといけない」
「昼間の２時間だけ、地域の会合に参加したい」
「子どもの幼稚園の行事に、１時間だけ顔を出したい」
「午後の１時間、近所の歯医者さんに通わなくちゃ」

「今日のランチは、地元で近所のお友達とネ♪」

……そんな自由が利きます。小さい子どもがいる場合、保育園へのお迎えのストレスや不安からも解消されますね。

「鉄道が遅延して、お迎えの時間に間に合わなかった……」
「毎日、退社してから幼稚園まで猛ダッシュ。いつもヘトヘト……」
「万が一大きな災害があったら、お迎えどうしよう……」

「仕事」と「プライベート」を非連続に、細切れにできる。テレワークの大きなメリットです。

また、やり方によってはテレワークのほうが時短勤務よりも長い時間の勤務が可能です。これは、会社側のメリットにもなりえます。

②通勤頻度が減る

通勤には、時間も労力もかかります。毎日きちんと身支度して、駅まで行って、混んだ電車に乗って、駅からオフィスまで歩いて……これが週5日あるのと、週3日で済むのとでは大違い。また、通勤頻度を減らせば、それだけ前述の鉄道運休・遅延リスクも小さくなります。つまり、業務を止めるリスクも低減できるのです。組織側の大きなメリットですね。

勤務時間を減らす時短勤務か、通勤頻度を減らすテレワークか？　うまく使い分けたいものです。

とはいえ、いいことばかりではない
～テレワーカーを悩ませる4つのあるある

そうはいっても、テレワークもいいところばかりではありません。デメリットもあります。

①オン／オフの切り替えができない

テレワークとは、究極の職住接近であり、職住混在です。仕事とプライベート、すなわちオン／オフの切り替えがうまくできなくて生産性が下がった、あるいは気持ちが休まらない、ということもありえます。

②ラクしていると思われる

ある女性の話。彼女いわく、「もう二度とテレワークなんてやりたくない！」。聞けば、以前テレワークをしていた時に、上司から「あなたは通勤時間がなくてラクなんだから……」のような言われ方をして、仕事をたくさん振られたそうです。

彼女にしてみれば、家事や子育てなどプライベートが大変だからテレワークをしている。それなのに、ラクをしていると思われた。その理解のなさと、仕事を多く振られたしんどさに嫌気がさしたそうです。

考えてみれば、家事も子育ても、本人にとっては立派な〝ワーク〟。決して優雅なプライベートタイムを楽しんでいるわけではないのです。ワークライフバランスという言葉の罪は、「会社でのワーク以外はすべてプライベートでしょ」ってな無慈悲な割り切りにあります。その意味でも、テレワークは、「職場の信頼関係が試される仕組み」なのかもしれません。

③やっぱり家だと仕事に集中できない

「家のほうが仕事が捗る」「会社のほうが仕事が捗る」それは、人それぞれです。家だと仕事が捗らない人に、無理やりテレワークをさせるのは、ナンセンスでしょう。

④情報と疎遠になりやすい

ほかのメンバーと離れて仕事をしていると、どうしても情報に疎遠になりがち。それが疎外感や孤独感を生むこともあります。上司は、テレワークをしている部下にこそ、情報共有を心がけるようにしましょう。

0か1かではない、まずは小さく始めてみよう

「月に3~4回、週1~2回程度」
「子どもが熱を出したときだけ」
「地元で用事があるときは」
「鉄道がストップしている時はとりあえず」

☑ 離れていても信頼しあえる仕事のやり方を！

……など、基本は出社型だけれども都合に応じてテレワークを取り入れてみてはいかがでしょうか。実際、テレワークを採用している多くの企業が、「完全テレワーク」ではなく、月4回、週1~2回などの「部分テレワーク」を実践していますし、それが現実的です。「0か1か」でとらえて、過剰反応してはイケマセン!

それとも、あなたの組織はたかだか週1回や2回顔を合わせないだけでコミュニケーションが悪くなるような、信頼関係のない組織なのですか?

まずやってみましょう。仕事の任せ方、進め方、コミュニケーションのとり方など、徐々にコツがつかめてきます。また、個人にとっても、会社にとっても、さまざまなメリットが見えてきますよ(この後のコラムでくわしくお話しします)。

「離れた相手と仕事をする」このスタイルに慣れていきましょう。

場所を選ばない働き方をする/させるために必要なスキルとは

テレワークは場所を選ばない働き方を可能にしますが、便利な一方、テレワークをする側にも、させる管理者の側にもある程度のスキルが求められます。その場にいない相手と仕事をするわけですから、オフィスで顔を合わせているのとまったく同じように仕事をすればいい……というわけにはいきません。

とりわけ、コミュニケーションの取り方。それがテレワークの成功と定着のカギです。……といっても、特に難しいスキルは必要ありません。1丁目で出てきた、次の2つの能力を駆使しましょう。

①シンプルコミュニケーション力

シンプルに物事を伝えるチカラ。1丁目で出てきましたね。念のため、おさらい！

①CCFの法則（結論を最初に言う）
②NLCの法則（ナンバリングする）
③AREAの法則（主張→理由→根拠→主張）

・結論を最初に伝える。
・論点に番号をふって、話の全体像や現在位置を端的に示す。

・理由と根拠を示し、論理的な説明をする。

コミュニケーションの質、むしろよくなります。シンプルな話し方は、対面している相手はモチロン、離れている相手とのやりとり（電話やメールなど）にこそ威力を発揮します。シンプルコミュニケーションは、スキルというより〝習慣〟です。日ごろ心がけて習慣化していれば、いざ相手と離れても、動じることなくスムーズに仕事ができます。

②報連相設計力

・どのタイミングで、何を、どのような手段（電話・メール・Ｗｅｂ会議など）で上司に報告／連絡／相談するか？　あるいは部下にしてもらうか？
・困ったときは、どうやって「ヘルプ！」の声をあげればいいか？
・いつ勤務を開始して、いつ離席して、いつ終了したか？

すなわち、報連相を設計する能力も大事。この能力は、２丁目で登場しましたね。自分たちの仕事を定義して、進捗管理の仕組みを作っていれば、なんら難しいことはありません。

そもそも、「自分たちの仕事を定義できていない」「進捗管理の仕組みがない」のは、組織として脆弱です。テレワークする／しない以前の問題！　いち早く解決しましょう。

テレワークを成功させる3つのコツ

なじまない人に無理強いしない

テレワークは、人によって向き／不向きがあります。

「やはり家だと落ち着かない」
「通勤タイムは気分が変わっていい」

そういう人もいます。もちろん、慣れもありますが、どうしてもオン／オフの切り替えができない人は、無理してテレワークをやらない、やらせない配慮も大事です。テレワークはあくまで、生産性を高めるための一選択肢。無理強いは禁物です。

上司⇕部下間の日頃のコミュニケーションを大事にする

「テレワークだと、ラクしていると思われる」

この誤解を解くためには、上司・部下との対話が重要。上司は定期的に面談をして、部下の

- **仕事に対する考え方**
- **キャリアプラン**
- **家庭の事情**
- **その他上司に知っておいてほしいこと**

をできる限り把握するようにしましょう。

「上司が男性で、部下が女性」など、性別の違いにより話しにくいようであれば、女性のメンターが間に入って、上司とのパイプ役になってもらうのもいいでしょう。これって、テレワークを取り入れていなくても必要なコミュニケーションですよね。テレワークを機

に、コミュニケーションをよくしましょう。

ツールを駆使してコミュニケーションの弱点を補う

「いつ勤務を開始したのか？　在席しているのか？　勤務を終了したのか？」

最近のテレワークツールは、プレゼンス確認機能といってパソコン上で相手の在席・離席状況を確認できたり、チャットでチームメンバーとリアルタイムに会話できたりします。離れていてもストレスなくコミュニケーションすることができます（むしろ、チャットのほうが普段より会話が弾むことも）。

・毎朝、チームの全メンバー（出社している人、テレワークしている人、いずれも）を参加させたグループチャットを立ち上げておいて、業務連絡はそこでやる。

・テレワークしている人が、チャットで相談しやすいようにする。

これだけで、疎外感も軽減されます。また、全員が出社している日はみんなでいっしょにランチに行くなど、顔を合わせているときの親睦も大事です。

こうしてテレワークを始めてみると、ある時気づきます。

「あれ、むしろ前よりコミュニケーションよくなったかも？」

「きちんと仕事を計画して、報連相するようになった！」

「だれがなにやっているか、知ろうとするようになった。見えるようになった！」

テレワークとは、離れた相手を信頼して、フォローする仕組みづくり、風土づくりにほかなりません。

「離れている部下は信頼できない」

残念ながら、そう漏らす管理職もいます。常にベタベタといっしょにいないと不安でたまらない……それでは、残念なカップルと同じです。恋人同士じゃないんですから、「ずっといっしょにいなくちゃダメ」なんて働き方、いい加減やめましょう。そんなこと言っていたら、1億総活躍社会、グローバル化、少子高齢化社会は乗り越えられませんぞ！　そろそろ自立しないとね。

世界ではリモートで仕事できてあたりまえ

日本企業で働いていると実感が湧かないかもしれませんが、海外では出社しない働き方、すなわちリモートワークはあたりまえです。私がグローバル企業で働いていたときのこと。グローバルプロジェクトに参画しており、海外のプロジェクトメンバーとのWeb会議・電話会議がしょっちゅうありました。

・ミュンヘンのメンバー（女性）は自宅から参加
➡お子さんが冬休みで自宅にいるため、家で面倒を見ながら仕事をしているとか
・シカゴのメンバー（男性）も自宅から参加
➡寒波襲来で路面が凍結し、出社が困難だとか

これがあたりまえ。欧米では、自宅からのリモートワークは、なんらめずらしいことではありません。私の最後の勤務先にて、「ウチ（日本の本社）では、まだテレワークは認められていない」と海外の同僚に話したところ、いたく同情されました。世界のビジネスパーソンはフツウに実践している働き方。日本人だからできないなんてことはないのです！　残念ながら、日本ではまだまだ個人のための単なる福利厚生のようなものだと思われている感が否めませんが、テレワークは組織も幸せにします。

もちろん、デメリットもあります。しかし、極論や一部のデメリットだけをとらえて、「テレワークなんて、うちにはなじまない」と判断し、やろうともしない、あるいは全面禁止にするのはいかがなものでしょうか。

テレワークがすべてとは言いません。ただ、テレワークを認められないがために、優秀な社員が辞めざるをえない事実、鉄道会社のサービスレベルの低さや地球環境の暴走に引きづられて仕事が止まる理不尽さに対しては、もっと嘆き悲しんだほうがいいでしょう。

私たちを取り巻く環境は、厳しい方向へと変化しています。その変化に対応する働き方の選択肢として、個人の生産性を上げる選択肢の１つとして、そして業務の安定性を高める手段として、テレワークを始めてみませんか?。

あなたの職場、いつまでもイタいカップルであってはイケマセン！

男のテレワーク～35歳男子がテレワークをしてみてわかった8つのメリット

COLUMN

「育児休暇明けの女子がすなるテレワークというものを、をのこの私もしてみむとてすなり」

今から7年前。当時35歳だった私が当時の勤務先（NTTデータ）でテレワークを始めてみて感じたメリットを綴ってみます。

NTTデータでは、その時すでにテレワーク制度がありました。しかし、利用しているのは一部の女性社員だけ。「せっかくIT企業に転職したのだから試してみたい」と思い、私はテレワークの利用申請をしました。ところが、部門の人事担当から返ってきたのは……

「ウチ（の部門）では、育休明け1年～2年以内の女性にしかテレワークを認めていないんですよ」

ええっ、そんなのおかしいでしょ！　そう思った私は、部長にかけあい、テレワークをさせてもらうことになりました。当時、やんちゃだった私を受け止めてくださった部長には感謝しかありません。また、心ある同僚や部下から「すばらしいと思います」「いいね。男性もどんどんやるべきだよ！」と応援してもらえたのもうれしかったですね。

そんなこんなで35歳、1児のパパ。いざテレワーク開始！　そこで感じたメリット8つ。ありのままにお伝えします。

①通勤の無駄・ストレスがない！

髭をそって、スーツに着替えて、乗りたくもない電車に乗って……毎朝の面倒で憂鬱な、一連のやらされ作業がゼロに！

②アイロンがけしなくていい！

テレワークをしてみてわかった意外なメリットがこれ。

「アイロンがけしなくていい！　ラク！」

妻、大絶賛。私はシャツのアイロンがけを妻にやってもらっていたのですが、テレワークの日はシャツにアイロンがけしなくていい。トレーナーやTシャツで仕事できますから。このメリットは大きかったです。

特に、夏は大助かり。暑い中、相当な熱を放つアイロンがけはなかなかの重労働です。私の家族はクーラーが苦手。アイロンがけのせいでクーラーを強くせざるをえません。その無駄な労苦から解放された。当然、アイロンとクーラーの光熱費の節約にもなります。

③有給休暇の節約に

「ある日突然、娘が発熱！」

小さな子どもをもつパパ・ママ共通の悩み。こんなときのために有給休暇があるワケですが……

- **仕事が忙しくて取れない**
- **有給休暇の日数が少なくて取れない／取りたくない**

この2つの事情が、働く親を毎度毎度悩ませます。特に、（私もそうだったのですが）

中途採用で入社したパパ・ママにとっては死活問題。

「有給休暇の付与日数が少ない！」

多くの企業では、その会社の在籍年数に応じて有給休暇が与えられます。ベテランの即戦力を期待されて入社した子もちの社員も、新入社員と休暇の付与日数が同じなのです。有給休暇の日数は転職時にリセットされますから、前年に残した休暇を引き継ぐこともできません。

「今日休んでしまったら、もう病気できない……」
「今休んだら、夏の旅行はあきらめざるをえない……」

そんな計算が、毎度頭の中でクルクル回転します。たとえ自分の子どもが元気でも、「学級閉鎖」なんて罠もある。幼稚園や保育園がわが子を預かってくれない。自責ではどうにもならないリスク。なるべく有給を節約したくなります。

子どもだけでなく、本人の体調が悪くなることもあります。

上　司「キミ、体調悪そうだね。休んだら？」
部　下「いや、休めないんです……だって、これからインフルエンザが流行る季節ですから。子どもが罹ったら一発でアウトです」

いつも綱渡り。それは精神衛生上もよろしくない。夏までに有給を使い切ってしまおうものなら、年度末まで気分はスリルとサスペンス。なかには、自分がインフルエンザに罹ったことを必死に隠して出社する中途社員も……。会社はスリル体験型レジャーランドではありません！

テレワークのおかげで、有給を消化せずに子どもの面倒を見ながら仕事することができました。そのぶん、旅行などの有意義な目的で休暇を使えるようになりました。

④業務を止めない

事故で電車が止まろうが、雨が降ろうが、槍が降ろうが、定時に仕事を開始できる——このメリットも大きいです。

3・11（東日本大震災）が発生した直後、首都圏も交通がストップして大混乱になりました。でも、私のチームは業務を止めずにすみました。テレワークをしていたからです。
あの時以来、社内でテレワークが一気に加速しました。同じチームの若手が（独身のメンバーも）、次々に「僕もやってみます！」「私もやる！」と言って手を挙げ、テレワークが浸透していきました。今ではNTTデータの多くの社員は、鉄道が止まろうものなら、駅からおとなしく家に引き返して、テレワークで淡々と業務を進めるのがフツウになっています。

⑤地域で過ごす時間が増える

テレワークを始めると、地域で過ごす時間が増えます。

「気になっていた、地元のカフェでランチする」
「昼休みに、地元の商店街で買い物する」
「定時後の地元のイベントや勉強会に参加する」

知れば知るほど、地域に対する愛着が湧いてくる。地域経済の活性にもなりますね。また、平日の日中に大人の目があることで、地域のセキュリティ向上にもなると感じました。

⑥グローバルに強いスキルと仕事のやり方が身につく

「テレワークをやっていてよかったな」と心から思ったメリットがこれ。

私は、NTTデータに入社してからしばらく、日本と中国でしか仕事をしていませんでした。テレワークをするようになってから、4年たったある日。USA、ドイツ、イタリア、インドなどと国をまたいだプロジェクトへの参画を命じられ、英語での電話会議・Web会議をするように。長年、英語から離れていたため適応できるか不安だったのですが、案外スンナリとイケた！ テレワークを通じて、電話会議、Web会議に慣れていた、見えない相手への説明や報連相に慣れていたためです。

若手社員も、テレワークを経験していたメンバーは、言葉の壁はあったものの、スムーズにグローバルな業務になじんでいました。

⑦働いている姿を家族に見せられる

「パパ、かっこいい！」

娘を持つ父親なら、だれもがシビレてしまうこのフレーズ。自宅でヘッドセットを装着して電話会議に参加したときのこと。私の背中を遠めに眺めていた娘が言いました。

とりわけホワイトカラー職種の場合、自分が仕事をしている姿を普段見せることができません。どんな仕事をしているか、家族が知らないことも。

「親が働く背中を家族に見せられる」

これは、子どもへの教育効果もあると感じました。親の尊厳復権のためのテレワーク、あなたもいかがですか？

⑧会社のイメージアップに

「あなたがＮＴＴデータに勤めてくれていてよかった！」

私の妻は保育士の仕事をしています。すなわち、テレワークができない職種。

ある日、娘が熱を出して幼稚園を休んだときのこと。私がテレワークをしながら娘の面倒を見ることに。この妻の感謝のひとことが印象に残っています。

「パパ、いっしょにいてくれてありがとう」

寝床の娘からは、こんなうれしいメッセージも。実家の両親からも「ＮＴＴデータって、いい会社ね」と言われました。

こんなエピソードも。幼稚園に娘を迎えにいった時のこと。お迎えするのはママだらけで、パパさんの姿はちらりほらり。そんな数少ない、お迎えパパさんから声をかけられました。

「今日はお休みですか。えっ、お仕事中？　失礼ですが、どこにお勤めで？　ＮＴＴデータ？　自宅で仕事できるんですか!?　いい会社ですね！」

おもしろいもので、人間、自分の会社をほめられると、会社に対する愛着や誇りが増すもの。まわりだけでなく、自分自身の会社に対するイメージアップにもなりました。

テレワークは、そこで働く人のみならず、会社を、家族を、そして地域を幸せにする、すばらしい次世代型の働き方。女性も男性も、やってみてください！

☑ 対面じゃないと、ダメなんですか?

※『職場の問題かるた』(技術評論社)より

働き方の問題地図

BUS

4丁目

副業禁止

行先

1億総疲弊社会

話題にはなれど「禁止」が大半？

某大手機械メーカーに勤務するＡさん。社歴15年の37歳。大学は英文学科出身で、ＴＯＥＩＣ９５０点。現在、日本の本社と米国事業所を結ぶチームでプロジェクトマネージャーを任されています。そんなＡさんの語学力を戦力にほしいと、翻訳会社を起業した大学時代の友人がＡさんに「翻訳の仕事を手伝ってもらいたいんだけど……」と持ちかけてきました。

Ａさんは、現在の仕事を辞めるつもりはありません。やりがいもあるし、人間関係や年収に不満があるわけでもありません。でも、昔からの友人の頼みを、空いた時間を使ってなんとか手伝ってあげたいと思いました。それから、「現在の仕事以外のことで翻訳に携わるのも、知見が広がって将来的にはなんらかの役に立つのでは」と考えたのです。そこで、上司にこう相談しました。

「あの～、来月から友人の翻訳会社と兼務したいんですが、ご許可をいただけますでしょうか？　翻訳の仕事は出社してするわけではなくて、自宅でします。だから現在の業務に支障が出たり、ご迷惑をおかけすることはいっさいありません」

それを聴いた上司がひと言。

「な〜に言ってんの！　我が社は副業禁止って、就業規則に書いてあるでしょ？　ちゃんと読んだの？　ほら、ここ、12ページに書いてあるよ。ハイ、その話はなしね（ニッコリ）」

……チャンチャン！

さて、あなたの会社は副業ＯＫですか？　え、ダメ？　そういう会社はまだ多いですよね。

日本では長期にわたって、終身雇用があたりまえとされてきました。自社へのコミットメントを従業員へ求めて、「ほかの企業で副業をするなんて論外！」という風潮が圧倒的だったからです。終身雇用で安定的に働くことと引き換えに、従業員は長時間労働を暗黙の了解で引き受けてきました。ですから、長時間労働を強いられてきた環境で、副業をすることについては従業員側にも眼中にありませんでした。

「もしものときに備えたい」という思いが時代を副業へ向かわせる

そもそも、副業についての議論が盛んになったのはいつごろからだったのでしょうか？

1つの節目が2009年でした。リーマンショックによる売上減から、自宅待機や賃金カット……厳しい経営環境にさらされ、一時的に副業を解禁する会社が出てきたのです。「自社で減った給料を他社で補填してほしい」という、いわば企業側の苦肉の策でした。当時は「申請はほとんどなかった」のが実態だったようですが、いくつかの大企業も一時的に副業を認めたこともあり、巷間を騒がせました。

そして、経営環境のグローバル化に対応せざるをえない企業側は、定年まで雇用を保障しきれないと考えるようになってきました。従業員に自社へのコミットメントを求めるための副業禁止は、面従複背の従業員を大量輩出するだけで、時代にそぐわなくなってきていると感じたのです。従業員側としては、終身雇用制が崩壊すると退職金もあたりまえに受け取れなくなる不安が大きくなりますよね？

また、昨今ＡＩの発達が注目されていますが、今後さらにそれが進展し、将来的には約

8割の仕事が消滅するとまことしやかに囁かれています。まだ当面先のこととはいえ、AIによって1つ1つの仕事の負担は軽減され、それに応じて給与も減ってしまうという事態も十分考えられます。

さらに、人口減少、少子高齢化の影響によって、現在働いている世代（現役世代）が支払った保険料を仕送りのように高齢者の年金給付に充てるという年金システムの危うさから、「将来、年金がもらえなくなるのでは？」という不安を抱える働き盛りの人が多くなりました。

こうした社会不安から、「もしものときに備えたい」という思いが、時代を副業へ向かわせてきたともいえます。

2016年末には、「政府の『働き方改革』は正社員の副業や兼業を後押しする」というニュースが流れました。企業が就業規則を定める際に参考にする厚生労働省の「モデル就業規則」から副業・兼業禁止規定をなくし、「原則禁止」から「原則容認」に転換したのです。複数の企業に勤める場合の社会保険料や残業代などの指針も作り、働く人の収入を増やし、新たな技能の習得も促すというものです。

中小企業庁の『平成24年就業構造基本調査』によると、全就業者のうち副業をしている就業者数の割合は3・6％、現在就業している者のうち副業を希望する人の割合は5・7％

という結果が出ています。政府が副業を後押しする真意は、少子高齢化による労働力不足を補い、職業能力の向上で成長産業への雇用の流動化を促そうとすることが背景にあります。

副業OKにすることで企業が得られる3つのメリット

ここまでの話だと「副業はやむなく解禁する」というイメージが強いかもしれませんが、じつは従業員が副業をすることは企業にもさまざまなメリットをもたらします。

自律的な社員を育成できる

一般的には、あくまでも副業は「従」であるという位置づけですが、その主従関係を崩し、それぞれの仕事にあたるケースもあります。たとえば筆者の友人に「ウイークデイはある企業で働き、アフター5と休日を使って地域活性化のためのNPO活動をしている」という人がいます。しかも、そのNPOには理事という中核メンバーの1人として関わっています。その人にとっては、会社で働くこともNPOで活動することも、自分にとって主従はつけられないほど大切であり、双方を両立するためにセルフマネジメント力が向上したと語ります。

このように、副業には自分の特技やスキルの向上、使命感で行動できるＮＰＯや地域活動に取り組むことも含まれます。また、収入に余裕がある・なしにかかわらず、新たな価値観を求めるアクティビティといえます。それによって、社員は限られた時間内で成果を出すように自律的に育ち、社外から有益な情報やネットワークを企業に持ち込んでくるなどのメリットをもたらします。

国内シェアトップのグループウェアを開発するサイボウズは、社長の青野慶久氏自ら『副業禁止』を禁止しよう」と唱え、「副業」を「複業」と呼んでいます。同社では２０１２年に副業を解禁しましたが、翌年２０１３年以降、売上高は右肩上がりに増えています。２００５年、同社の離職率は28％と過去最高で、売上高は約33億円でしたが、２０１５年では離職率は４％になり、売上高は約70億円となりました。

社内イノベーションに期待できる

一般用医薬品（ＯＴＣ医薬品）やスキンケア製品を主力商品としているロート製薬は、２０１６年４月から、社員の副業を全面的に解禁しました。本業に支障がない範囲で、週末や終業後に他社やＮＰＯ（非営利組織）などで勤務できます。２０１７年３月現在では、週末や終業後のみでの解禁ですが、リモートワークがしやすいＩＴ企業ではなく、メーカーが副業制度を導入する事例はまだほとんどありません。メーカーの場合、副業によって技術流出を懸念することが多いですが、それでも同社が副業解禁に踏み切ったのは、「専門性が高く長期雇用の従業員が多いと、どうしても社内のみの商習慣にしか視点が向かず、幅が広げにくい」という問題があり、突破口の１つとして副業を位置づけたためです。

また、クラウドソーシング大手のクラウドワークスは、２０１６年４月から試験的に副業を認可し、６月から就業規則を改定して副業制度を解禁しました。こちらも、本業に支障をきたさない範囲で自由に副業をしてもいいというものです。自社サイトの使い勝手やサービス向上を図っていくために、社員自らが自社のサービスに登録し、外注として仕事をこなして収入を得る体験をしてもらうのが有効な手法であるというのが同社のスタンスです。

生産性の高い人材を確保し、退社後もネットワークを活用できる

人材サービスを手がけるリクルートホールディングスは、２０１６年度の新卒Ｗｅｂ系職種採用の「５つの特徴」の１つに「入社後の副業可」が挙げており、「起業されている

方のダブルワークも可能です」としています。副業生活をも可能とする生産性の高い優秀な新卒人材を社内に確保しようという試みです。

同社は独立する人が多く、退社後もそのネットワークが活きていることで有名です。現役社員もいつかは退職していきますから、退職者を厚遇することは、未来の自分の姿と重ねてみることになります。それによって、会社への信頼感を向上させる効果があります。また、退職者は「母校」に近い帰属意識を同社に持っているので、「母校」のよさをほかへ広めてくれるメリットがあります。

さらに、退職者は、社内のことを熟知しているよきビジネスパートナーにもなりえます。信頼できるパートナーを社外に持てると、社内リソースだけでは難しい仕事にも対応することができ、会社にとって大きなメリットになるといえます。

副業を実施する際の4つの注意点を押さえておこう

じつは、労働基準法では副業やアルバイトに関しての規制の法律はありません。一般的に、企業では就業規則に記載して副業禁止の対応をしていますが、企業には勤務時間以外の行動を制限する効力はないのです。

では、大手を振って副業を……と考える前に、副業の注意点を知っておきましょう。

①本業に支障をきたしてはいけない

副業に専念しすぎて、本業に支障をきたすおそれはないでしょうか？

本業以外に副業によるアフター5労働や休日労働によって、本業の業務の翌日に遅刻や欠勤したりするのは本末転倒です。本業の企業側としては、できれば社員の副業については就業規則に付し、たとえば副業開始の1か月前に「許可制」「届出制」にしておくなど、事前に副業の内容を把握し、それが過重労働にならないかをチェックする機能があることが望ましいでしょう。

②本業で得たノウハウや知識は外部へ提供してはいけない

先に触れたように、特にメーカーの場合などは、情報漏洩防止の目的から副業禁止にしている企業も多いです。会社の機密情報だけではなく、本業の会社で得たノウハウや知識などを外部へ提供した場合も、情報漏洩と捉えられます。

また、本業の企業と同業や競合他社での副業は、モラル的に好ましくありません。これも就業規則で、万が一社員が本業の業務に関し、その職務上知りえた機密が漏洩した場合は懲戒に処すなど、罰則規定の整備が必要です。

③労働災害の原因を追求できない

現在の労働法では、複数の企業で働いた場合の社会保険料や残業代をどの企業が支払うか、労働災害の原因はどの企業なのか、明確な基準がありません。ですから、副業を認める本業の企業側、副業を委託する企業側も、それを前提に、副業をする人の24時間が無理なく回るように配慮する必要があります。

④確定申告をする必要がある

そもそも確定申告とは、毎年1年間（1月1日〜12月31日）にいくら収入があったかを申告し、納税する制度です。これは、所得を得ている人は全員がしなければなりませんが、「本業で給与所得を得ていて、それ以外の所得はない」という人の場合、本人に代わって会社が年末調整をし、納税額を出してくれています。通常、給与所得や事業収入のある人が副業で収入を得たら、原則としてすべて確定申告をする必要があります。

副業に関して、確定申告が必要な人は次のとおりです。

・給与を1か所から受けていて、ほかの所得金額が年20万円を超えている
・給与を2か所以上から受けていて、年末調整をしていない給与を含む所得金額の合計が、年20万円を超えている

副業の所得額は、経費を引いた結果の金額になります。次の場合は、申告は不要になります。

・売上が年間20万円以上でも、経費を引いて20万円未満になる場合
・給与所得の収入金額の合計から、所得控除を引いた金額が150万円以下で、その他の所得金額の合計が年20万円以下の場合

ただし、確定申告が不要な場合でも、住民税の申告が必要な場合があります。

副業時代を生き抜いていくためにキャリアの棚卸しを

これからの副業OK時代をどうやって生き抜いていったらいいでしょうか。

かつて、ドラッカーが「パラレルキャリア」という概念を提唱しましたが、先に紹介したサイボウズが副業を複業と呼ぶように、サブではなく「両方メイン」という生き方も認知されてきました。

副業を続けていくためには、24時間という有限な1日の時間をどう管理するかという、タイムマネジメントを磨く必要があります。そこで生まれる人間関係や新たなやりがいで、意識も変わり、創造性も高まり、自分で自分のライフスタイルを取り戻すという主体性が身につきます。本業にも確実にいい影響を与えてくれることでしょう。

そう、副業をすることは、自分自身のキャリアをもう一度考えていくことにもつながるのです。

まずは「キャリアの棚卸し」をして、深く自分のキャリアについて俯瞰することをおすすめします。本来の「棚卸し」の意味は、製品管理において在庫の数量と帳簿記載上の数

あなたの課題(弱み)を改善・克服するために
どのようなことを行う必要があるか考えてみましょう。

Q　あなたの課題(弱み)を改善・克服するために
取り組むこととしていることを最大3つ教えて下さい。
A　私は今後(　　　　　)、(　　　　　)、(　　　　　)に取り組んでいきます。

あなたが感じている周囲からの期待について考えてみましょう。

Q　現在、又はこれまで、上司や職場から、役割上期待されていること、
求められていることを、最大3つ列挙して下さい。
A　私は仕事上(　　　　　)、(　　　　　)、(　　　　　)が期待されています。

Q　現在、仕事の面において、家族から、期待されていること、
求められていることを、最大3つ列挙して下さい。
A　私は家庭から(　　　　)、(　　　　)、(　　　　)が期待されています。

Q　今後何歳くらいまで仕事をしたいと考えていますか。
また、それはなぜですか。
A　私は(　　)歳くらいまで仕事をしたいと思っています。
それは(　　　　　　　)だからです。

これまでの質問に対する回答を振り返って、
あなたの目標とする職業・職務・働き方について考えてみましょう。

Q　あなたはどのような立場・役割、分野、場所で働きたいと考えていますか。
A　私は(　　　　　　　)という場で働きたいと考えています。

Q　あなたはどのような働き方をしたいと考えていますか。
A　私は(　　　　　　　)という働き方をしたいと考えています。

☑ 中高年層の棚卸しのための質問

キャリア・プランシート作成のための質問

継続勤務を希望している在職者の方
（職歴が長い、中高年層の方）への質問

今後のキャリア・プラン（職業生活設計）を考えてみます。
職務経歴シート、職業能力証明（免許・資格）シート、
職業能力証明（学習歴・訓練歴）シート、
職業能力証明（訓練成果・実務成果）シート（交付されている場合）を
見ながら、これまでの職業経験等を踏まえ、考えてみます。

あなたの価値観について考えてみましょう。
これまで自分が熱中し、没頭し、ワクワクした経験を
思い起こしてみましょう。いくつでも構いません。

Q　それらのエピソードを参考に、あなたの価値観と思われるものを最大3つ教えて下さい。
A　私は（　　　　　　）、（　　　　　　）、（　　　　　　）と思っています。

例：人の役に立ちたい、リーダーシップを発揮したい、経済的に豊かな生活をしたい、安定的な生活をしたい など

あなたの強み、弱みについて考えてみましょう。
これまでの自分を振り返ってみて、自分が自信を持っていること、
苦手なこと、他人から高く評価されたこと、
課題があると指摘されたことを思い起こしてみましょう。
いくつでも構いません。自己評価と他者評価とが
重なっていると思われるところに注目してみましょう。

Q　あなたの強みと考えられることを最大3つ教えて下さい。
A　私の強みは（　　　　　　）、（　　　　　　）、（　　　　　　）です。

Q　あなたの課題（弱み）と考えられることを最大3つ教えて下さい。
A　私の課題（弱み）は（　　　　　　）、（　　　　　　）、（　　　　　　）です。

量とを照合し、誤差がないか管理することです。その際に製品の状況をチェックし、瑕疵・劣化・品質保証期限なども確認します。

人のキャリアにおいても、まったく同じです。世の中の価値観は日々大きく変化を続け、たとえば5年前なら独自の優位性として記載できたキャリアが現在では無価値になっていたり、逆に5年前は「たいしたことではない」と思われたキャリアに大きな価値がついていたりすることもあります。また、それほどの価値がないと思っていた1つのキャリアも、パラレルキャリアとして組み合わせることによって、新たな価値が生じる場合があります。

「自分のキャリアを紙に書き出してリスト化する」という棚卸しをしてみましょう。図は、厚生労働省の「ジョブカード」の一部を使ったものです。紙に書いて可視化することによって、私は何をやってきて（実績）、何ができて（実力）、何がしたいのか（将来的な展望）が明確に浮き出てきます。

キャリアプランを作成してみよう

キャリアの棚卸しができたら、キャリアプランを作成してみましょう。「キャリアプラン」とは、いわば人生の設計図。将来「こうなりたい」という希望や理想の自分の姿を思い描き、それを達成するためにはどうしたらいいかを考えます。そして、これまでの経験をもとに、理想に向かってどのように目標を具体化していくかを考え、1年後、3年後、5年後、10年後を見据えて計画を立てます。目標となる人を頭の中に思い浮かべて、「自分がそうなるためには何をしたらいいか?」を考えてみるのもいいでしょう。

整理しやすいように、次のように考えてみてください。

①「今決められること」を考えて長期的なビジョンを立ててみる

短期の目標を考える前に、まずは大きな人生の目標を考えてみます。「そんなことを言われても……まだ決まらないことが多すぎる」なんてこともあるかもしれませんが、「今決められること」を考えて、長期的なビジョンを立ててみるのです。

②計画的に物事を進める方法を考える

目標を書き出すことは、達成への第一歩です。目標到達を単に夢見て終わる人と実現できる人との違いは、ゴールまでの道のりを具体的に書面化できるか否かの違いも大きいです。

まずはキャリアプランの最初の欄に、短期、中期、長期の目標を書き出してみます。

☑ キャリアプラン

キャリアプランシート

年　　月　　日

現在の私の目標		
短期目標	内容	達成予定日
中期目標	内容	達成予定日
長期目標	内容	達成予定日

次に、それぞれの目標を達成するために身につけるべきスキルや資質を書き出してみます。

そして、目標の到達に必要となる研修やサポートを書き出してみます。

重要なのが、各目標の達成予定日を書き込むことです。「期限を設定する」こと、それが目標達成の意識づけになるからです。

③アクションプランを作る

目標を定めたら、現状と目標とのギャップは何かを理解し、ギャップを埋めるために何をしたらいいかを明確にします。具体的には、図のようなアクションプランシートに記入して、定期的に検証していきましょう。キャリアプランがキャリアの設計図だとしたら、アクションプランは○○年後の自分になるための具体的な行動計画です。

たとえば現在私は、編集プロダクションの経営と大学教員というパラレルキャリアを実践しています。

14年前、縁あってある大学でキャリアアドバイザーの仕事に就くことになり、そこで大学生のキャリア相談なども数多く対応することになりました。しかし、そのころの私は、キャリアに対する知識とスキルは本で勉強した程度で、キャリアカウンセリングの経験が

☑ アクションプランシート

アクションプランシート

年　　月　　日

私の目標とする生き方（理想とする姿）
○年後のキャリア目標（伸ばしたい、身につけたい知識や技術）
そのために具体的に行うこと
1年後
2年後
3年後
その準備として現在できること
1
2
3
4
5

ありませんでした。そこで、目標を半年後に設定し、キャリアコンサルタントの資格を取得することにしました。資格が取得できる機関を探し、3か月間のキャリアカウンセリングの座学と面談のスクーリングを経て、筆記の1次試験、面談の2次試験に臨み、晴れて半年後には合格して、資格を取得しました。以来、大学のキャリアアドバイザーから非常勤講師、客員教授を歴任し、大学教員生活は2017年で14年になります。

現在、キャリアコンサルタントは厚生労働省が認可する国家資格になりました。あの時、資格を取得していなければ、こんなにも長い間、大学教育に携わり、パラレルキャリアの道を選択することはなかったかもしれません。

職業人生の主役は、いつだってあなたなんです。

副業OKの時代を、堂々と歩いていきましょう！

COLUMN

「キャリア権」という考え方

社食でサンドイッチをほおばって、広報部の同僚たちと談笑するいつもの昼下がり。「今回のキャンペーン用ポスターのデザインは、エッジが効いていていいね！」なんて話でひとしきり盛り上がっていた時、「あー、キミ、キミ」と背後から声が聞こえてきた。振り返るとそこには人事部長の姿が……。「あとで僕の部屋に来てくれないか」

ランチタイム終了後、人事部長の部屋へ行くと突然、辞令を言い渡された。「来月から物流部に行ってほしいんだが……」

えっ?!　なんでこの私が物流なの??　広報畑で8年、必死にやってきたのに。それなりにヒット商品につながるような成果も挙げてきたはずなのに。私は、この会社で広報の仕事がしたくて入社したのに……。

そんな疑問が頭の中をぐるぐる駆け巡り、拳をギュッと握りしめる。それでも人事部長の目を見ると「はい」と答えてしまう。ああ、なんて悲しいサラリーマンの性……。

これって、おかしくありません？

平均寿命が延びて人生100年時代が到来する一方、産業構造の変化によって企業や事業の寿命が短くなってきています。そんな中で、企業が人事権を行使して、企業側の都合を最優先し、社員の業務や勤務場所を決めるやり方は、もう限界が来ているんじゃないでしょうか？　そして、「寄らば大樹の蔭」的に会社ベッタリの依存型社員ばかりを抱えこんでいては、企業にイノベーションなんて起こせっこない。発展なんか考えられません。そんな中では、働く個人も成長して幸せになることは難しい。

「組織全体のバランスを保ったうえで、社員の意見も尊重して経営していく」

至極、理想的です。企業にとっては、そんな経営を目指していくことは、ウルトラ面倒な話かもしれません。しかし、中・長期的に見たら、必ず会社の発展につながるのではないでしょうか。

それを考えるための手がかりとして、「キャリア権」（right to career）というものがあります。キャリア権は、こう定義されます。

「働く人が、その人生（ライフキャリア）に大きな位置を占める職業生活（職業キャリア）を通じて自己実現し、幸福を追求する権利」

（出典：『キャリア権を知ろう　キャリアを磨く、キャリアを活かす』（2013）NPO法人キャリア権推進ネットワーク）

キャリア権は、大きく3つの要素から構成されています。

第1の要素は、個人としての相互尊重（キャリアをめぐる幸福追求権）。個人個人が互いのキャリアを通して、幸福を追求していくのを尊重することです。

第2の要素は、学習の権利と義務（キャリアを支える生涯学習）。個人には生涯にわたり学習する権利がありますが、同時にそれは、個人として努力する義務があることも意味します。

第3の要素は、労働の権利と義務（キャリア展開の権利と義務）。労働の機会を持つことによって、個人のキャリアは展開していきます。

これまでの主流は、学校を卒業するとどこかの企業や組織に就職し、社内で部署などをいくつか変わりながら経験を積んで、収入も増えていくというものでした。しかし、前述のように、働く人が個人の希望と能力によって、必ずしも仕事を自由に設計していけるわけではありませんでした。企業が要望する仕事と、個人の希望のずれが生じてしまうこともあります。結局は、それが離職の原因になることが多いのも事実です。

キャリア権の3要素

そうであれば、働く人のキャリアは、その人の「財産」として守られ、評価されるような仕組みや法などで支援することが重要になってくるのではないでしょうか？「職業・職種が財産」から、「雇用が財産」、そして「キャリアが財産」の時代へ。私たち働く人間ひとりひとりも頭の中のギアチェンジを図って、働き方の未来図を作っていきたいものです。

もちろん、個人が権利を主張するだけではなく、企業側の努力も必要とされます。

- 個人のキャリアの見直しや転換を支援するための「キャリアコンサルティング」を社員が受けられる環境を整えるようにする
- 経験豊かな先輩社員（メンター）が、双方向の対話を通じて、後輩社員（メンティ）のキャリア形成上の課題の解決・悩みの解消を援助して、個人の成長をサポートする役割を果たす「メンター制度」を取り入れる
- 「職務等級制度」を導入して年齢や勤続と賃金とのつながりをなくし、成果や職務に対応した賃金体系と職務をベースとした評価の仕組みを整える
- 個人が特定企業に依存しないスキル（ポータブルスキル）を獲得するための「有給教育職業訓練休暇」を付与する

☑「働き方」をめぐる未来予想図

従来の働き方
・正社員として1つの企業で長期間働く
・仕事の内容というより、高い地位を目指す

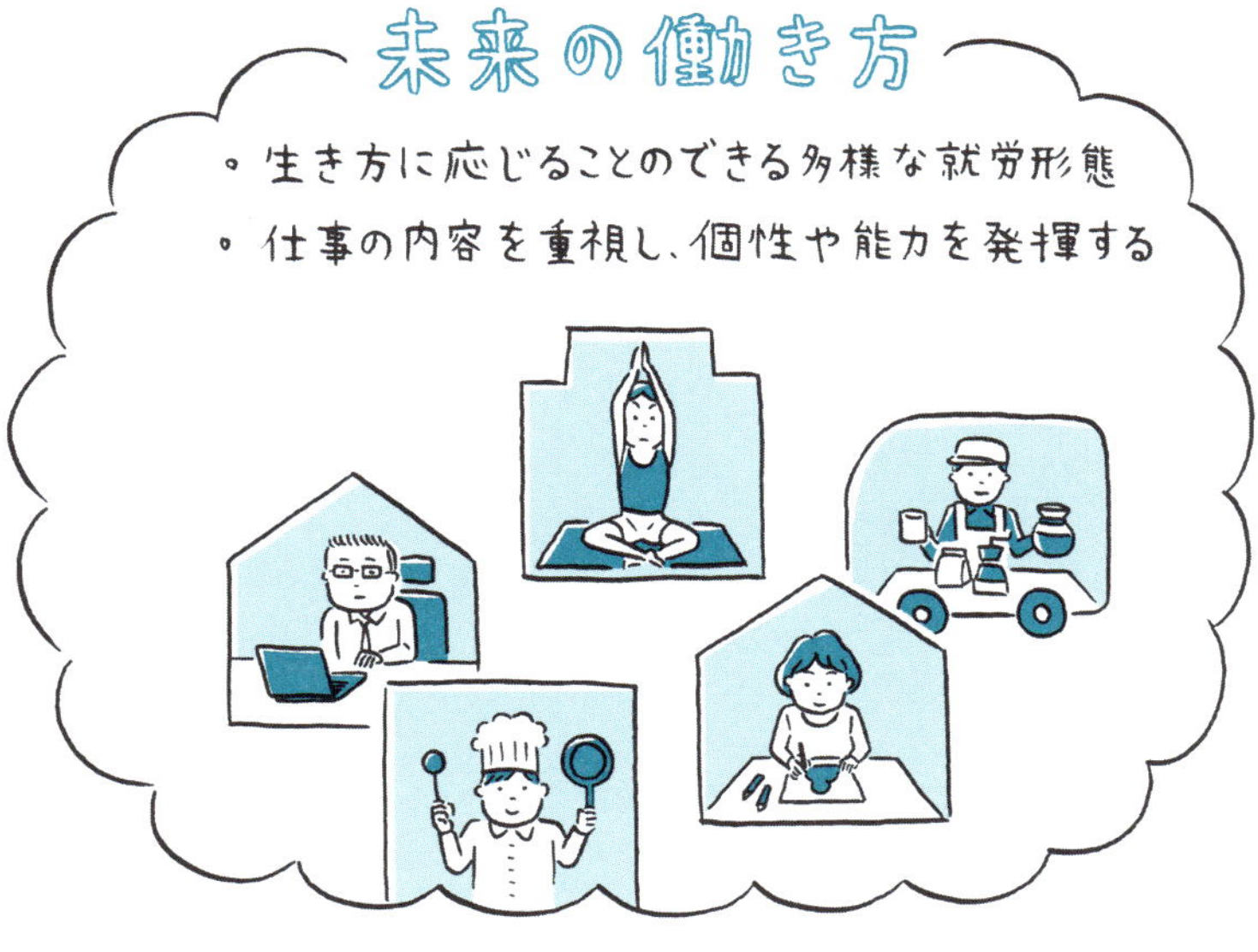
未来の働き方
・生き方に応じることのできる多様な就労形態
・仕事の内容を重視し、個性や能力を発揮する

《4丁目》副業禁止

働き方の問題地図

BUS

5丁目

男性主体

行先

1億総疲弊社会

今日も早朝の満員電車に揺られながら会社に向かう、某ＩＴ系企業プログラマーのＢ子さん、35歳。工学系の大学卒業後、プログラミングの仕事が好きで選んだ就職先でしたが、プログラマーの世界は周囲を見渡す限りほとんどが男性……。残業はあたりまえ、厳しい検証や納期に追われ、ワークライフバランスどころかワークライフアンバランスな日々。入社10年目の32歳で結婚し、１年後には出産。現在２歳児の母親であり、保育園と会社を青息吐息で往復しています。Ｂ子さん以上に残業が多い夫には、とてもじゃないですが家事や育児を声に出して「あなたもやって！」とは言えません。

「そろそろ管理職に」という声も社内では囁かれていますが、「子どもが病気で早退します」と告げても、直属の上司からは「いいよ、いいよ。早く帰ってあげて」なんて一度だって言われたことはありません。むしろ、「あ、そう。明日はちゃんと出社してね。仕事が詰まってるんだからさ」とさらりと言われてしまいます。数少ない女性管理職も、独身か、既婚でもＤＩＮＫＳ。だから、なかなか相談もできません。

「これ以上、仕事がキックなったら子育てなんて絶対にムリ～（泣）。ましてや第２子なんて考えられないわ……。職位なんかいらない！」

B子さんの昇進を阻むケースには、２つの問題が潜んでいます。

・管理職は家庭と両立できないイメージがあるため、昇進したくない
・日本独自の性別分業意識があるため、昇進したくてもできない

それぞれ見ていきましょう。

「管理職は家庭と両立できない」というイメージがあるので、昇進したくない

結婚や出産、介護に負荷がかかりがちな女性のライフスタイルにあった女性の管理職は、まだまだ少ないんです。それは、数字が物語っています。ちょっと見てみましょう。

独立行政法人労働政策研究・研修機構（以下、ＪＩＬＰＴ）が２０１４年に実施した「男女正社員のキャリアと両立支援に関する調査」によると、従業員３００人以上の企業の管理職で、男性の未婚率は８・６％、結婚して子供なしは９・１％です。対して、女性の未婚率は42・３％で、結婚して子供なしは15・３％。圧倒的に女性管理職の未婚率が高い！

☑ 女性の管理職は未婚率が高い

			配偶関係・末子年齢							末子年齢		
			未婚	有配偶 子なし	有配偶 末子 7歳未満	有配偶 末子 7-12歳	有配偶 子あり その他	離 死別	合計 n	平均値	標準 偏差	有効 n
300人以上	男性	課長	9.8	9.2	16.6	20.7	40.4	3.3	1964	13.4	7.6	1558
		部長	5.3	9.0	7.4	13.0	60.8	4.6	678	18.1	7.8	567
		計	8.6	9.1	14.3	18.7	45.6	3.6	2642	14.6	7.9	2125
	女性	課長	44.1	14.5	3.3	7.5	19.4	11.2	510	16.8	8.0	184
		部長	29.2	20.8	2.8	2.8	27.8	16.7	72	21.2	7.9	32
		計	42.3	15.3	3.3	6.9	20.4	11.9	582	17.5	8.1	216
100～299人	男性	課長	10.2	10.1	15.5	18.5	42.1	3.6	1104	14.3	8.2	863
		部長	6.5	6.5	6.1	12.5	64.2	4.2	570	18.6	7.8	489
		計	9.0	8.8	12.3	16.4	49.6	3.8	1674	15.9	8.3	1352
	女性	課長	35.3	16.7	5.9	4.9	23.0	14.2	204	17.9	8.4	91
		部長	25.5	27.7	4.3	–	25.5	17.0	47	25.1	9.5	20
		計	33.5	18.7	5.6	4.0	23.5	14.7	251	19.2	9.0	111

出典：独立行政法人労働政策研究・研修機構『男女正社員のキャリアと両立支援に関する調査』2014

結婚していても、子供のいない比率が、男性管理職よりも女性管理職のほうが高いのです。要は、女性の場合は「未婚」か「結婚しても子どもをもたないで時間の制約なく働ける」人材が管理職として多いというのが現実なのです。その結果、後進のワーキングマザーのロールモデルがあまり見つからないのが現実です。

日本独自の性別分業意識で、昇進したくても、できない

日本独自の性別分業意識は、さらに2つに分解できます。

- 夫が家事・育児にかかわらない
- 巷間に〝3歳児神話〟が流布している

夫が家事・育児にかかわらない

「夫は私以上に残業が多いから、とても家事や育児まで頼めない」

そう悩んでいるワーキングマザーの声を、よく聞きます。

また、「夫のほうが私より給料が多いので、その分、家事を私がするのはあたりまえなのかしら……」と考えてしまうことも。よく聞くパターンが「だれの金で家族が食ってると思ってるんだ！」という夫のひと言に、妻は言葉をグッと飲み込んでしまうことです。

なかには、「年収は夫も私もほぼ同額なのに、家事は私オンリー」という事態に、ときどき妻がプッツンと切れて、派手な大ゲンカもしばしば、なんてことも。

夫婦間のパワーバランスが取れていないことによって、家事も育児も全部女性が背負ってしまうケースは多いですよね？　その結果、「昇進したくても、今の生活では不可能だ」と思って諦めてしまうのです。

巷間に〝3歳児神話〟が流布している

日本では、「3歳までは、母親が子どもを自分の手元において育てるべきだ」という〝3歳児神話〟が根強く残っています。家庭はもちろん、地域社会でも、会社内でも、です。

そういう世間の目を、私自身も子どもを保育園に預けているときに、強く感じました。

毎朝、保育園に子どもを連れて行くときに出会うおばあさんがいたのですが、会うと必ず「朝早くからどこかへお出かけ？」と聞かれ、「保育園に行きます」と答えると

「あら、こんな小さいうちからかわいそうに！」

と投げかけてくるのです。そう言われるのが苦痛で、何度か回り道をしながら保育園へ通ったこともあります。

１９５２年にイギリスの精神科医ボウルビィが発表した報告書の中に「母子関係論」というものがあり、幼少期における母子の結び付きの大切さが説かれ、注目されました。しかし、母親の就労を否定する内容でも、家庭内育児と社会的保育の対立を書いた内容でもありません。その報告書の解釈が湾曲され続けた結果、日本では「３歳までは母子密着育児でないといけない」という極端な〝３歳児神話〟ができあがったと言われています。残念ながらあまり知られていないのですが、厚生白書（厚生労働省１９９８）では、３歳児神話には「合理的根拠は認められない」ときちんと記されています。

世界経済フォーラムが毎年発表している世界各国のジェンダーギャップ指数（The Global Gender Gap Index ＝ＧＧＧＩ）から分析した「グローバル・ジェンダー・ギャップ・レポート」によれば、日本の２０１６年は０・６６０（０が完全不平等、１が完全平等）で、１４４か国中１１１位。昨年は１０１位だったので、順位を10位下げました。先

☑「グローバル・ジェンダー・ギャップ・レポート」で日本は144か国中111位

ジェンダー・ギャップ指数（2016）主な国の順位

順位	国名	値
1	アイスランド	0.874
2	フィンランド	0.845
3	ノルウェー	0.842
4	スウェーデン	0.815
5	ルワンダ	0.800
6	アイルランド	0.797
7	フィリピン	0.786
8	スロベニア	0.786
9	ニュージーランド	0.781
10	ニカラグア	0.780
13	ドイツ	0.766
17	フランス	0.755
20	英国	0.752
35	カナダ	0.731
45	アメリカ	0.722
50	イタリア	0.719
75	ロシア	0.691
99	中国	0.676
111	日本	0.660
116	韓国	0.649

0が完全不平等、1が完全平等を意味する。
2016年の日本は、144か国中111位、
2015年は142国中101位であり、
昨年に比べて10位順位が下降。

出典：内閣府男女共同参画局『共同参画』2017年1月号

進国の中では、なんと韓国に次いで順位が低いんです。ちなみに、1位はアイスランド、2位はフィンランド、3位はノルウェー、4位はスウェーデンと北欧4国が続きます。

この指数は、経済、教育、政治、健康4つの分野のデータから作成されています。この結果は、日本独自の性別役割分業意識が根底にあるからかもしれません。

これらの問題、どこから解決していけばいいのでしょうか。

「管理職が本来するべき仕事」ってなに？

「管理職は、会社に長時間いて、365日対応できないと……」

そんな〝会社命〟の管理職が多いと、特に家庭責任を担うことが多い女性社員は「私には絶対ムリ〜！」とギブアップせざるをえません。まずは、従来型の管理職像を見直し、「管理職が本来するべき仕事ってなに？」と問い直すことから始めてみましょう。

管理職の仕事は、大きく分けると次の3つが挙げられるのではないでしょうか。

・組織目標への結果責任をとる
・部下を育成・評価する
・チームメンバーを育成し、メンバーの社内的な評価を上げる

これらの仕事をするには、次のことが必要になります。

・漫然と仕事に取り組まず、労働生産性を測る基準を作る
・労働時間のみにとらわれない評価制度を作る
・業務効率性の著しい低下を察知し、適切に介入・指導する

生産性を上げる〝仕組み〟を作る

まず必要なのが、部下の日々の労働時間を適切に把握することです。たとえば、ＰＣの稼働時間による出退勤管理で、客観的な労働時間の記録をマネジメントに活用する「仕組み」を作ることも、管理職の大切な仕事の１つです。具体的には、ＰＣのログイン・ログオフによる出退勤時間と作業時間の乖離を自動的に計測し、一定時間を超えると警告メー

ルが発信され、不整合の理由を登録して、上長の承認がなされるまでは警告が表示されるなどの工夫をして、従業員のサービス残業の発生を防いでいる企業があります。

「部下の労働生産性を上げるために、管理職も〝仕組み〟づくりのために叡智のパフォーマンスを上げる」

そうすると、結果的に従業員１人１人が効率的に価値を生み出し、会社に競争力をもたらすことにつながります。

ＩＴ化の促進によって、データや資料をクラウド化し、社内共有していき、資料検索や整備のための無駄な時間を減らすことも課題です。

「効率よく仕事をしているかどうか？」を評価基準に置く

労働生産性を上げるためには従業員の能力やモチベーションも大切ですが、「あの社員は残業を厭わずやるから」とか「この社員は感じがいいから」などのファジーな人事評価

を見直し、「効率よく仕事をしているかどうか?」を評価基準に置くことが大切です。たとえば、

・ToDoリストを活用して仕事の優先順位を把握している
・思考系の仕事は脳のゴールデンタイムの午前中におこない、午後は作業にあてて、仕事の全体バランスを図って効果的に進めている
・仕事を「小分け」にして、個々の「目標タイム」を設定している

などの工夫が見られるかどうかが、評価になるのではないでしょうか。

ウイークデイの「時間記録」を作ってみる

これらの「仕事の再定義」を通じて、管理職が自分にしかできない仕事や付加価値について考えていきたいものです。

管理職としてのタイムマネジメント能力への気づきを促す、かんたんな方法があります。ウイークデイの「時間記録」を作ってみることです。職場で何をやったかを、15分単

位で記録すると、単純に実績のみが現れていきます。

まず気づくのは、イレギュラーな出来事に振り回されている時間が多いことです。「お客様からのクレームへの対応」「後輩の業務のフォロー」「上司からの急な依頼への対応」など、自分の意思でコントロールできていない時間の多さや、断りきれない自分自身を改めて再認識します。

また、考えている以上の時間を個々の業務に費やしがちです。

「自分の仕事ではない」と感じながらも、「部下に頼むより自分がやったほうが早い」あるいは「教えるのが面倒だ」と、ついつい本来やるべき業務以外のことに時間を割いてしまう。

苦手な業務はつい先延ばしをしてしまったりする。

そして、「中長期の課題」に対して取り組んだ形跡がないことにハタと気づき、青ざめてしまったり……。

これは、業務上の優先順位が、「重要性」よりも「緊急性」に支配されていることにほかなりません。「現状を分析し、目標を設定し、取り組むべきアクションを計画・実施し、フォローする」いわゆるＰＤＣＡサイクルが機能するようにしましょう。

テレワークを活用する

一般社団法人日本テレワーク協会の「２０２０年のワークスタイル特別研究プロジェクト」の２０１６年の調査によると、次の結果が出ています。

- 育児休暇後復職に関するアンケート調査では、復職した社員の100%が、在宅勤務やテレワークを含む柔軟な働き方が復職を促すサポート要因となったと回答。
- 育児休業明けの女性営業職も、テレワークを活用することで、営業先から自宅に直帰するなどして、無理なく復帰できた。
- 夕方は保育園のお迎えで残業ができない分、子どもが起床する前の朝5時からフレックスタイム制度と在宅勤務制度を併用して働くことで、管理職としてフルタイム勤務できている。

・30分単位での在宅勤務制度や中抜けを利用できるため、フルタイム勤務をしながら、PTA活動などの子どもの行事も両立しやすい。

このように、テレワークは女性の継続的な就労＋家庭生活＋地域活動にも寄与しています。テレワークの現状と具体的な課題解決については3丁目でも解説していますので、そちらも参照してください。

ライフサポート休暇制度を設ける

ワークライフバランスを図るために、独自の施策をおこなっている企業もあります。サンコーインダストリー株式会社（本社：大阪市）は、１９４６年創業、従業員３８０名、85万点のネジを扱う専門商社です。男女比は男性３：女性２で、平均年齢は男性が39歳、女性が29歳と、比較的若い社員が多い会社です。

同社は「子育てサポート企業」として一定の要件を満たして厚生労働省に認定されましたが、それ以外にも、独自の施策として「ライフサポート休暇制度」というものを設置しました。1日4時間以内なら自由に外出できるという制度です。これによって、「有給休暇を取るほどではないけれど、家庭に関わる時間がほしい」という社員のニーズに応えることになりました。この工夫で、「通院や役所への届け出がしやすくなった」と従業員の満足度が上がり、女性の離職率の低減につながったといいます。

夫婦で仕事と家事育児を両立する仕組みをつくる

女性が活躍できるか否かの原点は、家庭にあります。終身雇用が崩れ、不確実性が高くなっている時代で、リスクマネジメントとしては収入の柱が2本あったほうがベターです。そのためには、夫婦で家事育児を分担する必要があります。

そこで考えなければならないのは、家庭内である程度システマティックに家事育児を分担する方法を考え、取り入れていくことです。

特に子どもが小さい時の重要課題としては、保育園の送迎時間があるのではないでしょうか。私の家庭では、毎月初にお互いの仕事のスケジュールを出し合い、Excelで1か月の予定表を作っていました。要は、家庭内での「予定の見える化」です。現在は、Googleカレンダー、Googleスプレッドシート（Googleドライブ）などのクラウドサービスもあります。便利に可視化できて重宝するツールですよね。

たとえば、夫の帰宅が遅い日が事前にわかっていると、私は夜の打ち合わせや会議などの予定を入れないようにするか、その日を避けるようリスケジュールします。

また、私に出張が入った場合は、夕飯は私が朝、出かける前に用意して、冷蔵庫に収納し、夫が保育園のお迎えから戻ってからは食事を温めるだけですむ状態にします。どうしても私が食事を用意できないときは、夫が作ります。

「子どもに孤食をさせない」

それが私の家庭の暗黙のルールでした。それを守るためにはどうしたらいいかを夫婦で考え、保育園の送迎時間にしてもイレギュラーな事態にしても、努力して備えていました。

予期せぬ出来事はいろいろと出てきます。そのために、いざとなったときに頼れる近所の友人、ベビーシッターという〝保険〟も念頭に置いておきましょう。

・近所の友人たちとは日頃からコミュニケーションを密にとり、子どもを預り合う

・ベビーシッターの会社は事前に調べておき、いざとなったら時間単価でお願いする

・いざというときのために、病児保育ができるところも調べておく

そうして乗り切ることも、時には必要です。

夫婦がお互いのキャリアについて対話する時間を作る

長い人生を歩んでいく中には、予期せぬ出来事が数々降りかかってきます。自身やパートナーの健康面で危機的な状況が出てくるかもしれません。そんなときに、柔軟に働き方を変えられるかどうかも課題です。

また、超高齢化社会を迎えるにあたって、「20年間教育を受け、45年間働き、リタイアして老後15年間を過ごす」というスタンダードな人生設計は、もはや成り立たなくなります。リタイア後が20年、30年になることは必至です。夫婦で長い老後を暮らしていくための働き方や生き方、貯蓄を設計する必要があります。

そして、不確実な時代にあって、会社でのキャリアも今後、順風満帆で進むとは限りません。個人がエンプロイアビリティ（雇われるに値する能力）をつけるために、学び直し

の必要も出てきます。なぜならば、特定企業のみで通用する能力ではなく、労働移動しても通用する能力をつけることは、もはや必須だからです。

私は、息子が高校生のころに、社会人大学院の修士課程に入学しました。これは私が将来のキャリアを考えた時に、どうしてもその期間勉強が必要だと思ったからです。夫にも相談して入学を決めました。

私が週3回、夜間に授業を履修している日には、夫は可能な限り早く帰宅し、息子と夕飯をとってくれました。無事、修士課程を修了し、現在は博士課程に籍を置いていますが、それは夫が私のキャリアを尊重してくれ、研究ができる環境整備をしてくれたからです。

現在、研究のために学会発表や論文投稿の時間が必要な私は、夫に研究のための年間スケジュールと進捗を報告し、週2回の通学のための時間が必要なことを了解してもらっています。年初と授業履修期間の前期と後期、学会発表と論文投稿が集中する9月・10月には、集中的に話し、理解してもらうようにしています。

そして、同じように私も夫のキャリアを尊重してきたつもりです。

夫はある大企業の取締役に就任したばかりの55歳で、会社を辞め、転職のチャレンジをしました。取締役に就任した段階で、「定年まで勤め上げ、次は子会社の社長になって……」という将来の青図がはっきりと見えてしまい、最後にもう1回だけ、自分が若いころに夢を描いていたことにチャレンジしようと思ったそうです。

1年間、試行錯誤を続けましたが、結果として希望するところへの転職は叶わず、起業して、サラリーマン人生に幕を閉じました。その間、私は夫のチャレンジをずっと傍らで見守り、あるときは後方支援もしてきました。家庭での収入の柱が2本あったことも支えになったと思います。今も、夫は新たなチャレンジをするべく計画中で、私はまたその傍らでずっと見守り続けていくつもりです。

夫婦が将来的な双方のキャリアを尊重していくと、時期ごとに、「どこに軸足を置くべきか?」が明らかになります。ワークライフバランスは、生きていく道程をお互いに尊重することが原点なのかもしれません。そのためには、夫婦で対話を重ね、お互いのキャリアへの夢を理解し、実現のために支援することが必要です。

リカレント教育課程を利用する

企業側の努力だけでは十分ではありません。女性自身にも、次に底を蹴って上がるために学習を継続する必要があります。たとえば、出産・育児をきっかけにいったん家庭に入ってから、その後再トライを目指す人もいるでしょう。

そんな時の選択肢の1つとして、リカレント教育課程があります。リカレント教育のリカレント（recurrent）とは、「再発する」「周期的に起こる」という意味です。学校教育を終えて就職した後、必要に応じて教育機関に戻って学習を続け、また就職する……と生涯にわたって学習と就業を繰り返すことです。日本では、２００７年12月に改正学校教育法が施行され、大学に、学部・大学院の博士課程と並んで、社会人に一定のまとまりのあるプログラムを提供し「履修証明」を授与する課程の設置が認められました。設置大学によって詳細内容は異なるため、興味のある方はインターネットで検索するか、各校へ連絡して募集要項を取り寄せることをおすすめします。

女性の働き方は、夢物語で終わらせるのではなく、実現に向けて「魂」を入れて動き始めた時にこそ、変わってくるのです。

COLUMN

ガラスの天井 vs. ガラスの地下室

女性のキャリアアップを阻む「見えない天井」

女性のキャリアアップの難しさは「ガラスの天井（グラス・シーリング：glass ceiling）」と言われるのをご存知でしょうか？ 組織内で昇進に値する人材が、性別や人種などを理由に低い地位に甘んじることを強いられている不当な状態を、キャリアアップを阻む「見えない天井」になぞらえた比喩です。もっぱら女性の能力開発を妨げ、企業における上級管理職への昇進や意思決定の場への登用を阻害する要因について用いられます。

２０１６年度の「雇用均等基本調査」によると、日本における課長相当職以上の管理職に占める女性の割合は12・１％で、前年２０１５年度調査時の11・９％より０・２ポイント上昇しました。役職別では、部長相当職は９・４％（同９・６％）、課長相当職は16・６％（同17・４％）、係長相当職は19・０％（同20・１％）となっており、前年よりは微増しています。

しかし、他国と比較すると、女性管理職に占める割合の差は歴然としています。ＩＬＯ（国際労働機関）の２０１５年の報告書※によると、１０８の国・地域別女性管理職ランキ

※ http://www.ilo.org/global/publications/books/WCMS_334882/lang--en/index.htm

ングでは日本は96位です。ＩＬＯは報告書の中で、「日本や韓国といった一部の先進国では、伝統的な男女の規範が果たす強い役割分担が注目される。それは労働市場への女性の参加、特に意思決定への参加を制限している」と指摘しています。加えて、「会社組織の伝統的なリクルート活動や昇進制度に関連し、克服すべき多くの構造的な障壁がある」と述べています。

男性は危険にさらされて生きる「見えない地下室」

では、男性はどう表現されているのでしょうか？

じつは、「ガラスの地下室（glass cellar）」と言われることがあります。男性が収入と引き換えに危険な職種や長時間勤務、自殺、病気や事故による高い死亡率などの過酷な状況に押し込められ、「使い捨てられている」現実を表現しているコワ〜イコワ〜イ言葉なんです……。２００１年、アメリカの社会学者であるワレン・フォレルが、著書『The Myth of Male Power』（男性パワーの神話）において提唱しました。

これは、象徴的に男女の平均寿命を例にして語られることがしばしばあります。たとえば、２０１６年に世界保健機関（ＷＨＯ）が発表した「世界保健統計２０１６」によると、世界一の長寿国は日本であり、男女平均が83・７歳です。男女差をみると、男性は80・5

歳（6位）、女性は86・8歳（1位）で、6・3歳の差があります。

では、アメリカはどうでしょうか？　男女平均は79・3歳（31位）、男性は72・9歳（32位）、女性は81・6歳（31位）で、その差はなんと8・7歳にも及びます。ところが、1920年にはその差はわずか1歳でした。

この統計によると、日本も平均寿命の男女差は6・3歳ですが、1920年はやはり約1歳。つまり、両国とも、差がどんどん開いていっているというわけです。

だから男性がいつも「特権的な」性別として分類され、優遇されている……といわれると、決してそうともいえないのではないでしょうか。その生き方、働き方が幸せとはいえない場合もあります。

「男性差別を解消することが、結局は女性差別を解消することにつながるのではないか？」

そんなことが、今や世界中で研究されつつあります。

男女とも、こんな「ガラス族」にNO！　と言える働き方をしたいものです。

働き方の問題地図

BUS

6丁目

フルタイム前提

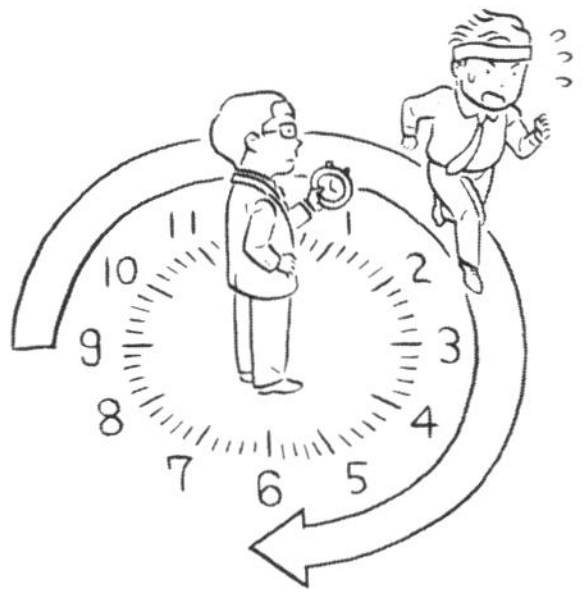

行先

1億総疲弊社会

ある日突然、フルに働けない日がやって来る?!

中堅の某製薬会社の総務部に勤務するC子さん、40歳。大学卒業後18年が経過し、家庭を持ち、小学校4年生と中学3年生の2人のお子さんにも恵まれました。34歳で主任になり、今年課長の役職に就きました。高校受験間近の子供を抱え、毎日の塾通いの食事は早朝に起きて準備し、冷蔵庫に収納。仕事でも、6人の部下を率いてフル回転の日々です。残業の平均も、この6か月間は1か月あたり100時間に及びます。

ある朝、会社へ行こうと着替えている最中、突然めまいに襲われ、自宅のリビングの床でへたりこんでしまいました。立ち上ろうとしても、起き上がれない。とりあえずその日は休むことにして、会社へ電話をしました。

ところが、翌日になってもだるさやめまい、冷や汗が止まりません。何よりも「さぁ、これから会社へ行こう」という気力が湧きません。C子さんはベッドから這うようにしてなんとか会社へ欠勤の電話をしました。

そんな状態が、4日間続きました。家事も手がつかず、料理や洗濯、掃除をする気にもなりません。当然、家の中は荒れ放題。4日間、家から一歩も出ず、ぼんやり過ごしてた妻の様子を見ておかしいと感じた夫が、直感的に「これはメンタルの問題かもしれない」と思い、C子さんを心療内科へ連れて行きました。

その結果、「軽度のうつ症状ですね」と医師の言葉。そこで夫は「君は少しがんばりすぎていたのかもしれないね、少し会社を休んだほうがいいよ」と切り出しました。その言葉に、C子さんは堰を切ったように号泣しました。そして、医師の診断書をもらい、会社に1か月の休職届を出しました。

こんな従業員、あなたの会社にもいませんか？　フルに働くことを前提にしていたのが、会社を一定期間休まざるをえなかったり、1日の労働時間を抑えざるをえなくなることは、だれの身にも起こりえます。

フルで働けなくなる2種類の原因

フルに働けなくなる原因としては、おもに①自分が病気になる場合、②家族が病気になる場合の2つに分類できます。

①自分が病気になる

「治療と職業生活の両立等支援対策事業」（平成25年度厚生労働省委託事業）における企業を対象に実施したアンケート調査によれば、疾病を理由として1か月以上連続して休業している従業員がいる企業の割合は、メンタルヘルスが38％、がんが21％、脳血管疾患が12％という結果が出ています。

また、現在の仕事や職業生活に関することで強い不安、悩み、ストレスとなっていると感じる事柄がある労働者は、55・7％でした（平成27年「労働安全衛生調査（実態調査）」より）。その内容（3つ以内の複数回答）をみると、「仕事の質・量」が57・5％と最も多く、次いで「対人関係（セクハラ・パワハラを含む）」が36・4％、「仕事の失敗、責任の発生等」が33・2％となっています。

なーんと！　今の仕事にストレスを感じている人って、5割以上もいるんです。

また、これらの有病率は年齢が上がるほど高くなる傾向にあり、従業員の高齢化、定年延長、再雇用の促進などの潮流に伴い、企業において疾病を抱えた従業員の治療と仕事の両立への対応が必要となる場面はさらに増えると予想されます。

1ヶ月以上休業する原因の1位はメンタルヘルス

疾患を理由として
1ヶ月以上連続して休業している
従業員が居る企業の割合

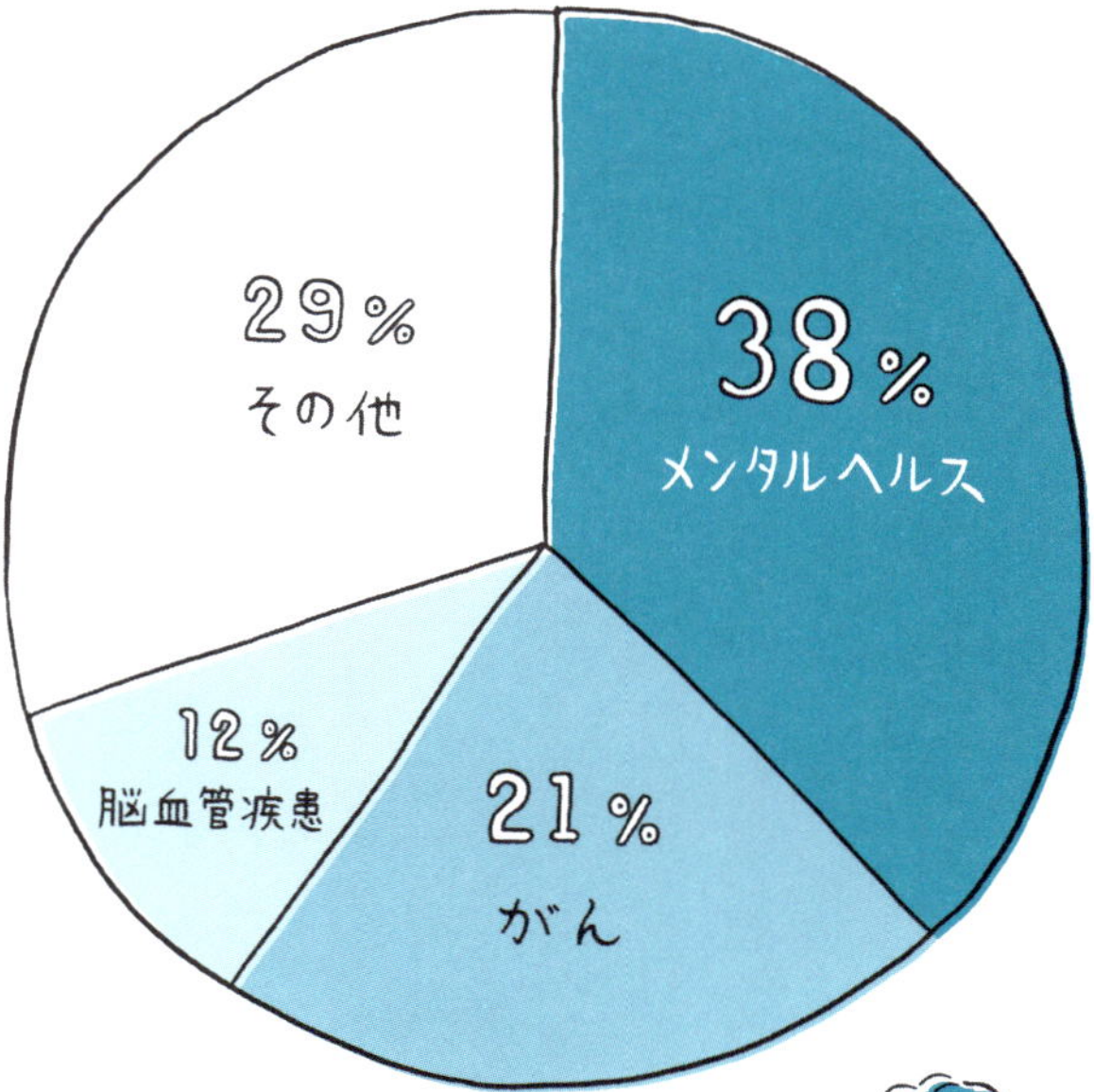

出典:「治療と職業生活の両立等支援対策事業」(平成25年度厚生労働省委託事業)における企業を対象に実施したアンケート調査

☑ 5割以上の人が仕事にストレスを感じている

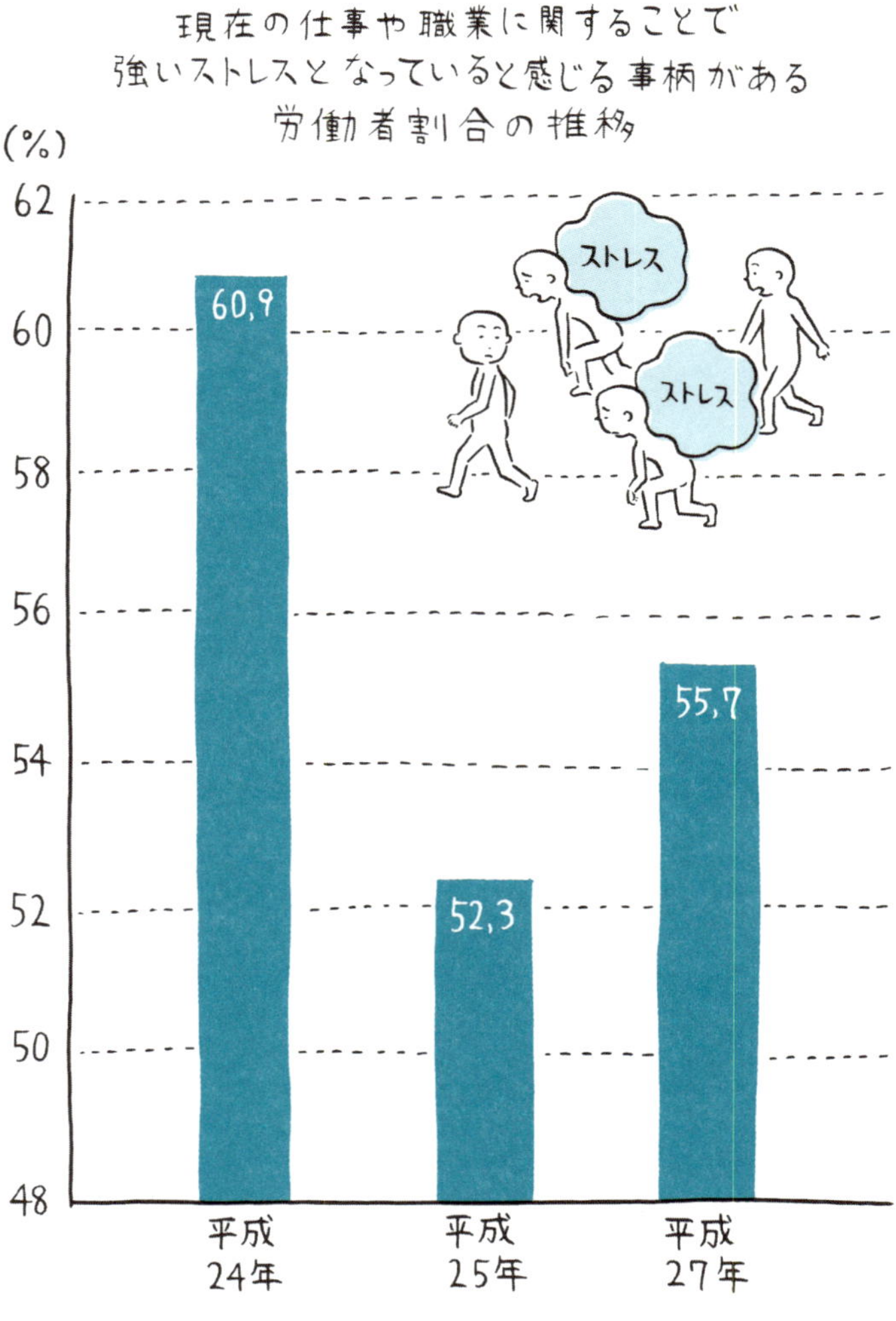

出典：平成27年 労働安全衛生調査（実態調査）

②家族が病気になる場合

家族が病気になる場合、最も代表的なものは介護の問題です。介護をする雇用者の年齢階級別の構成割合をみると「40歳代・50歳代・60歳代」が全体の8割以上を占めており、その中でも特に「55〜59歳」「50〜54歳」「60〜64歳」の割合が高くなっています（総務省「平成24年就業構造基本調査」より）。働き盛りの社員が介護を理由に離職してしまうと、企業の持続的な発展にも影響が出てくる可能性があります。

これまで、介護をするのはおもに「専業主婦・女性」でした。しかし、兄弟姉妹数の減少による1人あたりの介護者への負担の増大、共働き世帯の増加などから、働く男性も介護に携わる必要性が年々高まってきました。介護に携わる人は、平成3年以降20年間で約2倍に増加しています（平成3年：356・5万人→平成23年：682・9万人）。また、介護に携わる人全体に占める男性の割合も増加傾向にあります。介護の負担は、男性にとっても、もはや対岸の火事ではないのです。

さまざまな疾病や介護と仕事の両立に悩む方は多いと思います。では、どうすればいいでしょうか。

☑ 介護に携わる人は20年で2倍のペースで増加中

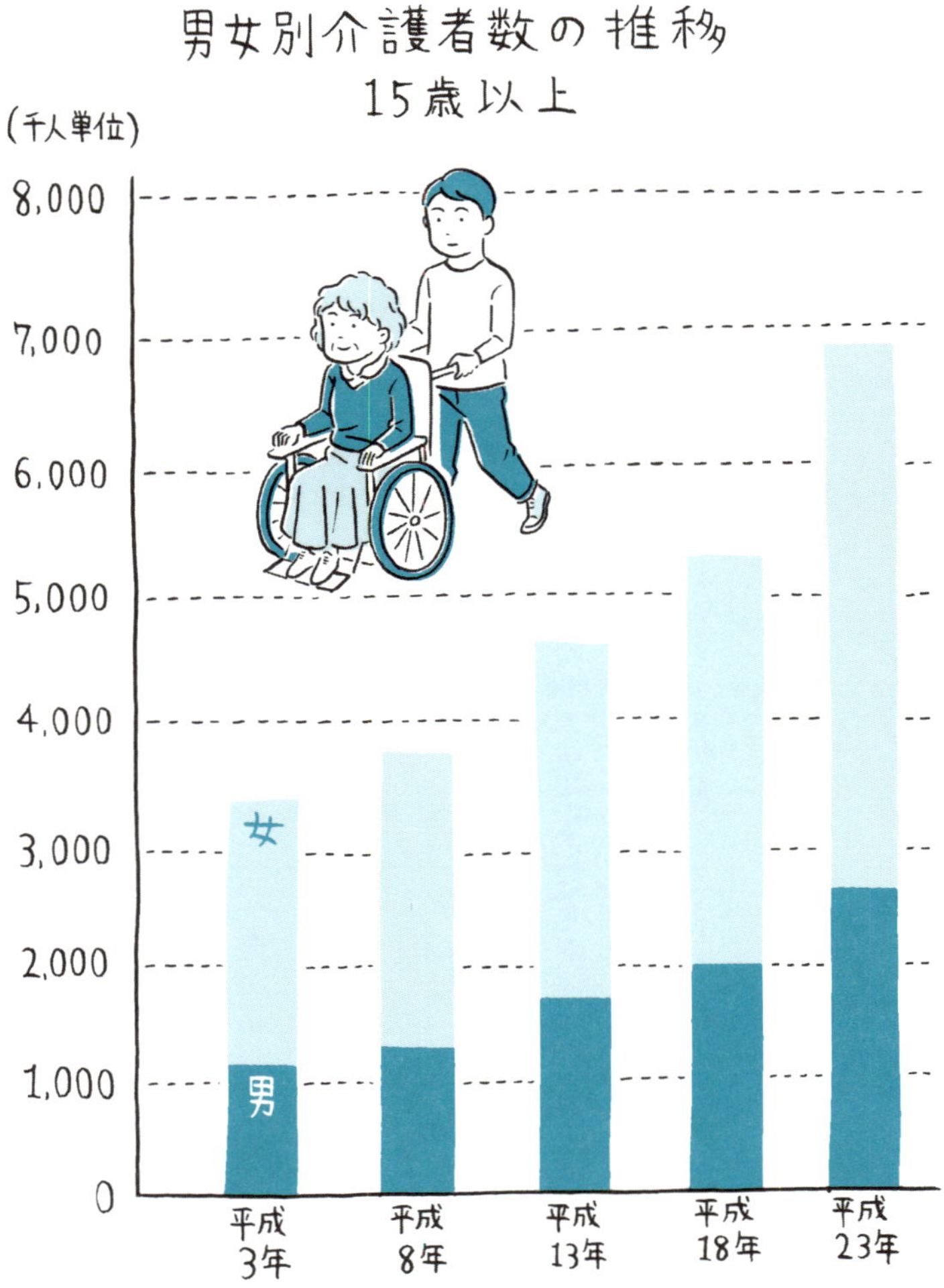

出典:「平成23年社会生活基本調査」(総務省統計局)
生活時間に関する結果 要約

私事で恐縮ですが、私は２０１４年5月に高血圧、糖尿病、脳梗塞を発症し、１年間闘病生活を送った経験があります。その経験もふまえて、対処策を解説していきます。

社内外へカミングアウトすることで理解を求める

自分や家族が病気になった場合、バリバリ働いていた人ほど、自分が以前より働けなくなるという〝足かせ〟が重く、自分を受容するのに時間がかかります。また、「まわりに知られたら、社内外での自分の評価が変わるのではないか?」という不安を持ちます。とりわけ40代・50代の働き盛りの男性社員は、「個人の事情だから」と、介護に携わっていることを隠している場合もあります。

しかし、カミングアウトしないでそのまま働き続けると、もしもさらに厳しい環境になったときに、いっそう社内外の評価を落とすことにつながりかねません。時期を見計らって、きちんと事実を伝えることをおすすめします。

特に介護者を抱える場合は、育児と違い、いつまで続くのかわからないのが実情です。育児には子供を育て上げた時のゴールの光がその先に見えますが、介護にはいつまで暗闇が続くのかわからない不安があります。早めにカミングアウトしたほうが、かえってメリットがあるでしょう。遅刻や休暇取得が介護を理由にしたものだと周囲がわかっていれば、極端な低評価も招かないものと思われます。

私の場合は、発症後1か月目には全クライアントと外注スタッフに、自分の病気のことをカミングアウトしました。

「私自身は当分の間、出社がフルにはできないけれど、会社のスタッフは通常どおり稼働している」

「現状抱えている仕事については、何も滞りなく進んでいる」

そう伝えました。正直いって、それで仕事をいくつか失うことも覚悟の上でした。しかし、結果的には、早期にカミングアウトして会社の体制を伝えることによって、ルーティンワークを維持することはもちろんですが、新規案件を受注することもできました。

生きるための短期目標を持つ

自分や家族が病気になった場合は、なかなか長期目標を定めにくいのが実情です。なぜなら、直線的に回復の一途をたどることは稀で、予期せぬ出来事が突然起こったりすることも多く、螺旋階段を昇るように迂回しながら目標に向かわざるえない事態が多々あるからです。

そのため、まずは実現可能と思われる到達目標を決めることがポイントです。それは6ヶ月後であったり、1年後であったりという目標設定の「期限」を定めることです。

私の場合は、1年後に自分が回復して支障なく日常生活を送れる姿をいつもイメージしていました。その目標を達成するために、次のことを目標に置きました。

- **血圧、血糖値が良好な値を保てるように、食事療法を徹底する**
- **プールでの定期的な運動療法によって、歩行できるようになる**
- **大学院の博士課程を受験して合格し、継続的な脳トレをするための環境を確保する**

その結果、1年後には、日常生活に支障がない程度にまで回復しました。

テレワークで「場所」と「拘束時間」から解放される

自分や家族が病気になった場合、オフィスに集合しなければ働けないという「場所」と「拘束時間」から解放される手段として、テレワークが有効になります。

ただし、テレワークを導入して実践していくには、全社員および関係先の理解が不可欠です。また、分厚い紙媒体を抱えて自宅や移動先で作業することはできません。テレワークを導入する前に、紙媒体の資料の電子化は必須といえます。病状に応じて使用する情報通信機器やソフトを変えていく柔軟性も必要です。そして、オフィスから見えない働き方であるからこそ、より緊密な報連相がポイントとなります。

私の場合は、発症から最初の2週間は体が動かなかったので、寝たきりでスマホをチェックする日々でした。パソコンを触わる、見ることもできなかったのです。会社の私宛のメールはすべてスマホに転送設定してあったので、重要な案件については会社に連絡を入れて、スタッフに対応してもらっていました。当時は右手に力が入らず、ろくにメールも打てなかったので、iPhoneで音声入力（Siri）によるメモをスタッフに送ったりしていました。

2か月目から、自宅のPCを使って、社内外への遠隔操作が可能になりました。そのおかげで、情報の共有化、指示などがスムーズにできました。

私の場合、社内スタッフは「〝社長の一大事〟で、自分たちが何とかカバーしなきゃ」という危機感が働いたのでしょう。「これをやって」と特別にいつもよりも多くの指示を出したわけではなかったのですが、クライアントへのレスポンスが速く、仕事も丁寧にしてくれていました。また、テレワークでシステム開発などの対応をしてくれている外注スタッフは、このときばかりはテレワークだけではなく、動けない私の代わりに、クライアントへの打ち合わせに出向いたりもしてくれました。そして、社内スタッフと外注スタッフも緊密に連絡をとりあって、私の仕事を補完してくれていました。

私が指示したことは、たった1つ。

「仕事の進捗だけは、必ず毎日、私あてにしてほしい」

すると、毎日午前、午後、夕方と3度にわたって必ず報告メールがきました。

進捗も、1日の中で刻一刻と変わるものもあります。チームはどこへ向かっていくのか、目的やビジョンを掲げるのがリーダーの役割です。そのために、進捗把握と管理はマストです。また、進捗状況によって、的確な人員配置や意思決定プロセスを整理するなどのシステムを整えることも重要です。管理統制ではなくエンパワーメント（権限委譲・任用）によるリーダーシップスタイルが必要であると、しみじみ痛感した日々でした。

その時に自分に残されたリソースで最善を尽くす

それ以外でも、振り返ると家族の理解と協力も早期回復にかなり寄与していたと思います。家族には、発症した時に病気の現状と通院状況などを事細かに伝え、特に発症後しばらくは日常生活に不自由している点を伝えました。

発症から3か月くらいまでは、右手に力が入らず平衡感覚がおかしかったので、買い物もろくに行けませんでした。3か月間、毎日息子は夕方に電話をかけてきて、「今日は何か買い物はない？」と聞いて、仕事帰りにスーパーで買い物をして帰ってきてくれました。夫は、かさばるもの、重たいもの、たとえばお米やトイレットペーパー、箱入りのミネラルウォーターなどを定期的に車で買いに行ってくれました。それを家族が続けてくれたことで、どれだけ私の体への負荷が軽減されたかわかりません。

そんなまわりの理解と協力のおかげで、私の1年間の勤務時間は過去最低だったにもかかわらず、いざ決算を終わってみると、売上は過去3年間で一番いい数字になりました。疾病者を抱えた会社にとってのマネジメントを、まさに身をもって示したと思っています。当時を振り返ると、「病気を患っても、その時に自分に残されたリソースで最善を尽くす」と考えた結果の働き方だったと思います。

「病気が病気を生むこと」をまわりが配慮する

ここまで個人が対処できることを挙げてきましたが、それだけでは限界があります。まわりの配慮や、企業側の環境整備が必要です。具体的には、どのような支援をしていったらいいでしょうか？

まず、病気が病気を生む可能性を孕んでいることを周囲が理解することです。まわりに疾病に悩む人がいたら、その点も注意深く観察して、表面的に見えている疾病以外にも何か悩んでいないかを配慮していく必要があります。

たとえば、脳梗塞の後遺症というと「半身麻痺」が代表的な症例です。私の場合、最初に右半身の麻痺が出て、歩行障害はなくなったものの、現在も後遺症として右の鼻の周囲に麻痺があります。

じつは、そのほかにも、「性格の変化」「感情の変化」「気力の低下」といった、外見からはわからない後遺症というものがあります。感情を司る自律神経や精神神経系までをリハビリするという話はあまり聞いたことはありませんが、じつは脳疾患系の病気からうつ病へとたどる人もいるのだそうです。

見えない後遺症が、新たなストレスの要因を作り出したり、不調を長引かせたりします。その結果、ストレスの総量がその人の許容量を超えたとき、思考力や精神力がなくなり、新たな病気を生む原因になるとも考えられています。

これらを解決していくには、気分をフラットにしていく努力を続けるしかありません。たとえば、好きな音楽を聴く、好きな人と会ったり話したりする。私にとっては、SNSで自分の「今ここ」の思いを書くことが一番手っ取り早い方法でした。

「年次有給休暇」「傷病休暇」「病気休暇」を活用する

業務上の傷病については、労働基準法により、療養中とその後30日間、解雇が禁止されています。しかし、業務外で発生した傷病（私傷病）については、この規定が適用されません。有給休暇を使いはたし、休職期間が終了すれば、たとえ療養中であっても、その社員は退職（解雇）になります。

それに対し、「私傷病で闘病する社員を救おう」という目的で、有給休暇や休職制度とは別に「病気休暇」の制度を設ける動きが出てきました。

時間単位の年次有給休暇（時間単位年休）

労働基準法に基づく年次有給休暇は、1日単位で与えることが原則です。しかし、事業場の過半数代表との労使協定により、1時間単位で休暇を与えることができます（上限は、1年で5日分まで）。これを、「時間単位年休」と呼びます。

想定される制度利用例としては、次のものが挙げられます。

- **親の介護のためのケアマネージャーとの打ち合わせ**
- **病気を患う本人の通院**
- **役所や金融機関などにおける手続き**

傷病休暇

年次有給休暇は、自分の意志でとり、取得の理由は問われません。一方、傷病休暇は、健康保険法に基づく傷病手当をもらいながら会社（業務）を休むことをいいます。

傷病休暇の場合、休める期間は私傷病で働けなくなった日から4日目からで、最長で1年6ヶ月です。その際、「労務不能」という医師の証明が必要です。

病気休暇

病気休暇は、私傷病の入院治療や通院のために、年次有給休暇とは別に休暇を付与するものです。企業が自主的に設ける法定外の休暇であり、取得条件や取得中の処遇（賃金の支払いの有無など）は会社の裁量で異なります。

平成26年度『労働時間等の設定の改善を通じた「仕事と生活の調和」の実現及び特別な休暇制度の普及促進に関する意識調査』（厚生労働省）によると、半数以上の企業がなんらかの「病気休暇」を導入しています。もし自社で導入されていない場合は、この機会にぜひ働きかけてみたらいかがでしょう?

☑ 法定休暇と法定外休暇

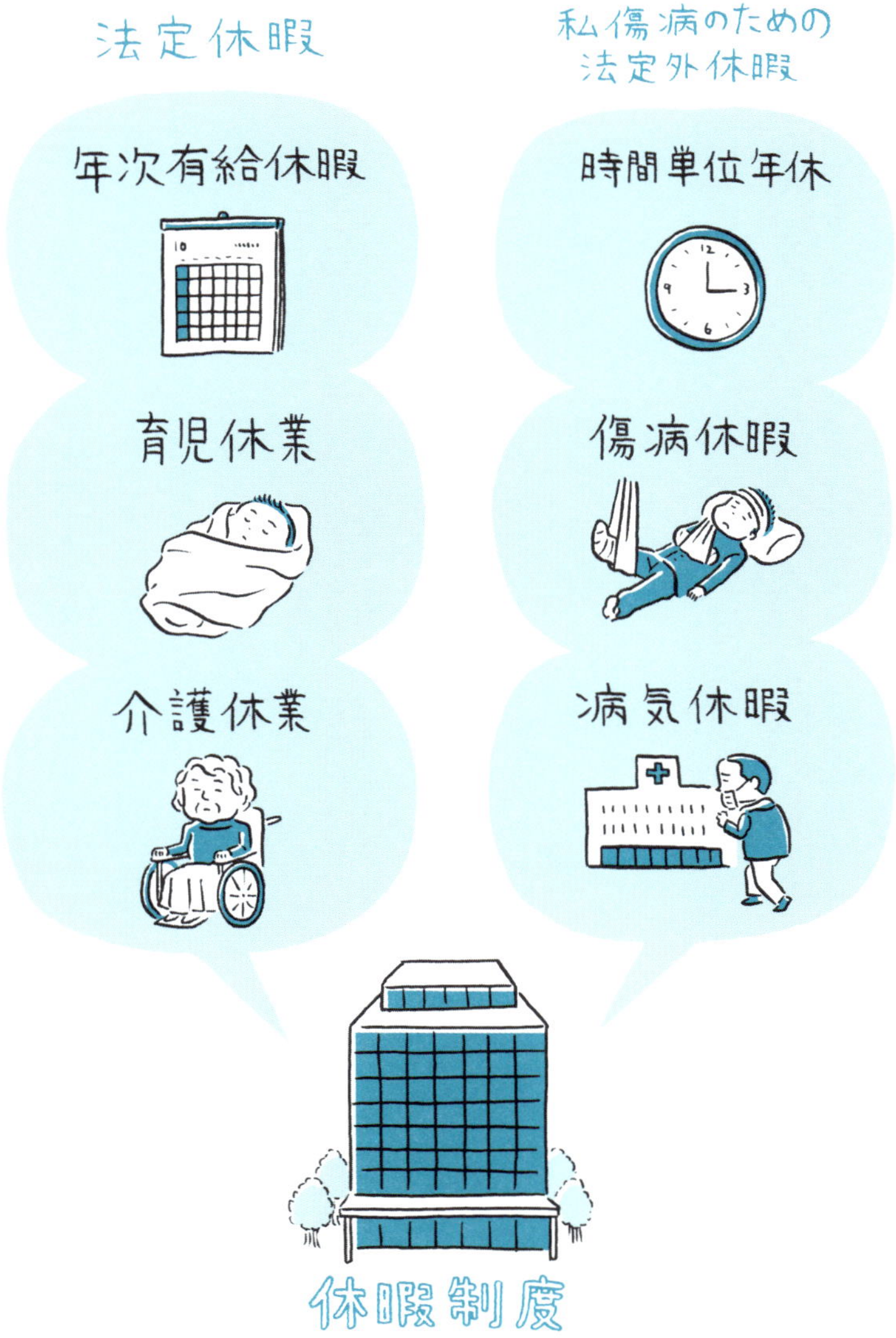
法定休暇
私傷病のための
法定外休暇
年次有給休暇
時間単位年休
育児休業
傷病休暇
介護休業
病気休暇
休暇制度

「時差出勤」「試し出勤」を設ける

病気にせよ介護にせよ、残業もままならないどころか、1日8時間働けるかどうかもわからないのが現状です。そこで、働ける時間まで労働時間を減らし、同時に成果を考えて仕事に優先順位をつけることが大切です。

また、病気を患っている人にとっては、朝夕の通勤ラッシュは心身ともに疲弊し、病気を長引かせる原因にもなりかねません。時間をずらして仕事のコアタイムを設定するなど、柔軟できめ細かい勤務体制の設計を考えてみましょう。

時差出勤制度

始業および終業の時刻を変更することによって、身体に負担のかかる通勤時間帯を避けて通勤することができます。これは、企業が自主的に設ける勤務制度です。

試し出勤制度

長期間にわたって休業していた従業員に対し、円滑な復職を支援するために、勤務時間

☑ 時差出勤でピークを分散する

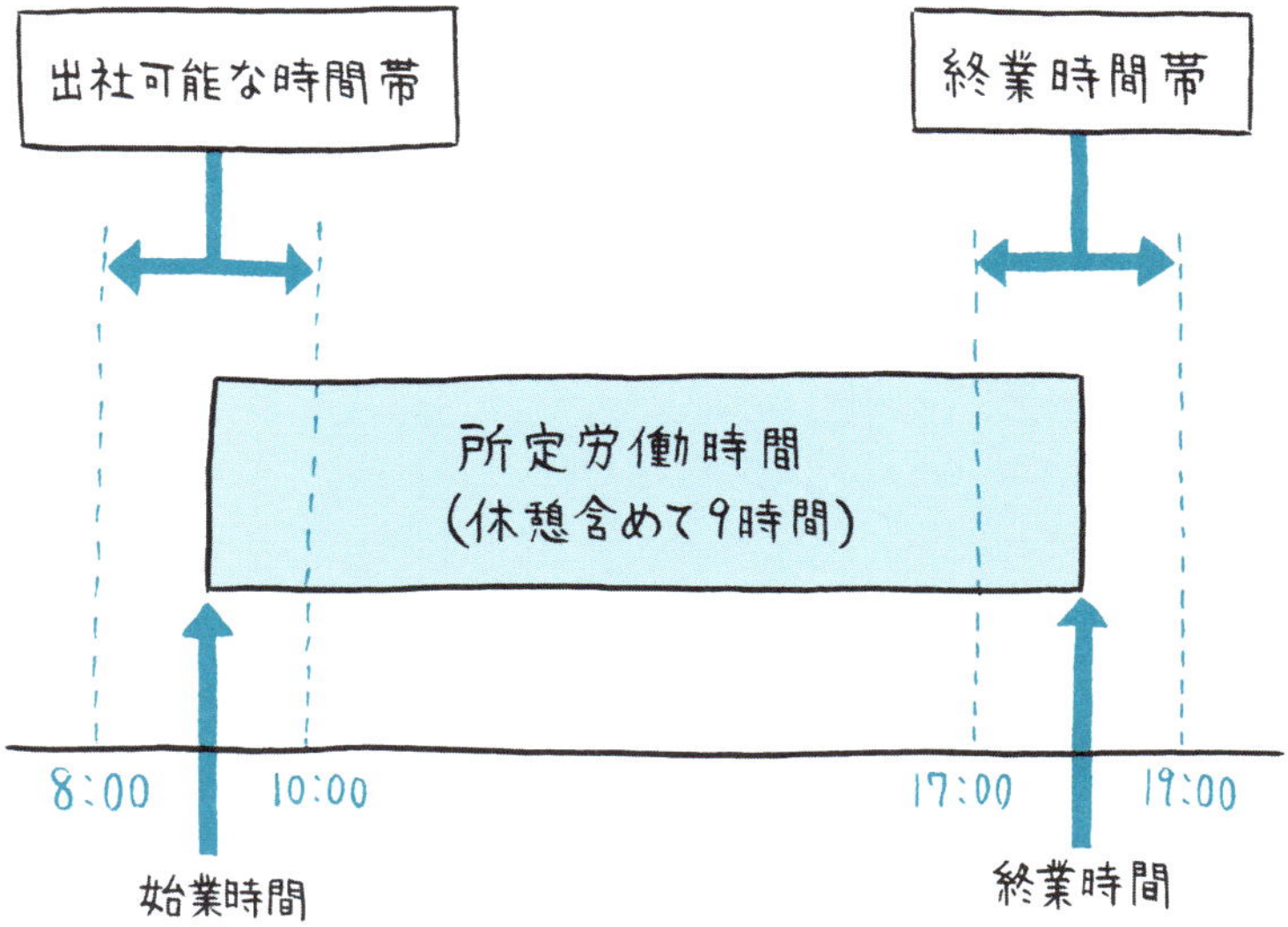

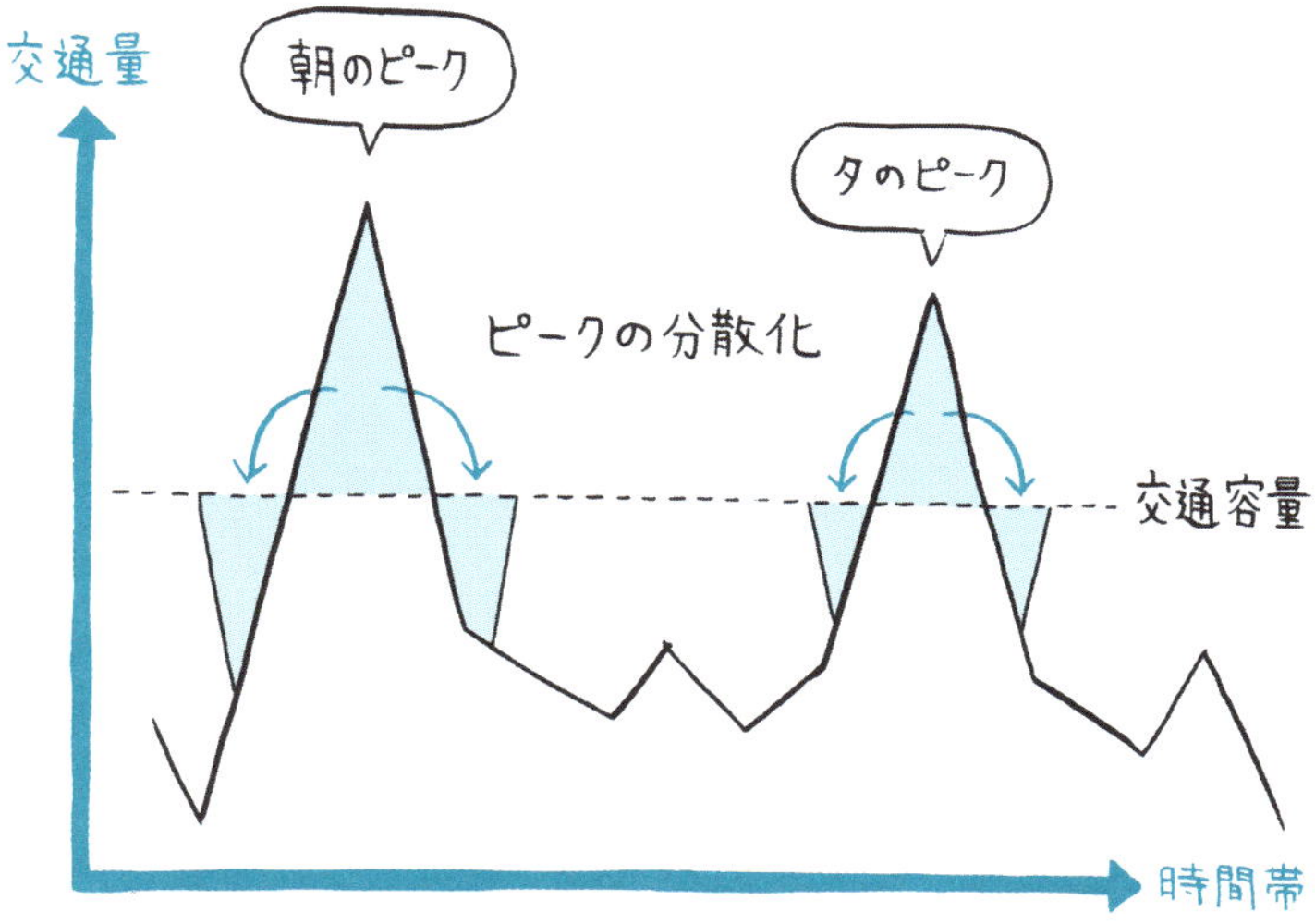

や勤務日数を短縮して、試し出勤をおこないます。企業が自主的に設ける勤務制度です。復職や治療を受けながら就労することに不安を感じている従業員や、受入れに不安を感じている職場の関係者にとっては、試し出勤制度があることで、円滑な復職に向けて具体的な準備ができるようになります。

化学メーカーのクラレは、２００７年より心の病で休職した社員が職場復帰するときに使う「リハビリ出勤制度」を導入しましたが、２０１１年に拡充したことで話題になりました。これも、ある意味では「試し出勤制度」といってもいい事例だと思います。はじめて同制度を使う場合の対象期間を6カ月から10ヶ月に延ばし、合計で活用できる回数も3回から4回に増やしたといいます。社員の個別事例に合わせて制度を柔軟に使えるようにし、スムーズな職場復帰を後押しすることを目的としています。

たとえば脳疾患系の病気の場合、「機能回復はほぼ6ヶ月で固定され、手指や歩行能力の回復とともに就労率が上がっていく」という結果が出ています。そのため、発症から6ヶ月間は時短によって機能回復のためにあてる時間を確保することが最も重要です。私の場合、発症当時は右半身が麻痺し、2週間寝たきりで動くことができませんでした。最初の1か月間は1週間ごとの検診時間の確保、2か月目からは2週に1回、3か月目から1か月に1回の定期検診となり、それが現在まで続いています。

☑ 復職するための4つの要素と試し出勤

1

日常生活に大きな支障をきたす症状がない

（疲労、症状など）

2

復職する意思が十分にある

（労働意欲）

3

就労に必要な労働などが持続的に可能

（労働能力）

4

職場が受け入れ可能である

（職場の復職支援、労働負荷）

1：生活できるレベル ― 治療

2〜4：働くことができるレベル ― 試し出勤

発症から2か月後から、「慣らし出社」を始めました。最初は会社へ滞留しているのは1日1時間、やがて2時間、3時間と少しずつ増やしていきました。そして、3か月〜6か月は4時間出社でした。ムリにいきなりフル稼働ではなく、回復に応じて徐々に勤務時間を増やしていったのです。

その頃は、プールで水中運動を週4回おこなっていました。早く回復したかったので、リハビリの時間がどうしても必要でした。そのことをまわりがみんな理解してくれ、私の時短勤務を快く受け入れてくれました。

出社が難しかった時期は、テレワークでかなり補完していました。手が動かなくても、音声入力はできます。それによって、私は疾病初期の社内外のコンセンサスがかなりとれたように思えます。もちろん、回復に応じて、勤務時間を徐々に増やすことに対する周囲の理解と協力も必要です。

療養期間が長引きそうなら「傷病手当金」の利用を

療養期間が長引きそうな場合はどうでしょうか?

会社員の健康保険には、「傷病手当金」という制度があります。これは、病気で仕事ができなくなった被保険者に対して、生活費を支給するものです。傷病手当金の受給条件は、次のとおりです（全国健康保険協会のホームページを参照）。

①業務外の事由による病気やケガの療養のための休業であること
②仕事に就くことができないこと
③連続する３日間を含み４日以上仕事に就けなかったこと
④休業した期間について給与の支払いがないこと

１日あたりにもらえる金額は、給与から割り出した平均的な日給（標準報酬日額）の３分の２で、実際に休んだ日数分をもらうことができます。

また、大企業の従業員が加入する組合健保の中には、「給付期間が最長３年」「支給額が平均日給の80％」など、傷病手当金にも独自の保障を上乗せしているところもあります。

実際に疾病を患っている人は、なかなかこのような会社の細やかな制度を調べる余裕がないかもしれません。そんな時に教えてあげられるといいですね。

フルに働けない人の評価は2軸で考える

最後に、自分の病気や家族が病気で、フルに働けない人の場合の評価について考えてみましょう。一般的に、これらの問題を抱える人には、次のような特性があります。

①短時間勤務でないと対応できない
②突発的な欠勤や遅刻、早退などが発生する場合がある
③残業がほぼできない
④出張が困難である

これらの問題を抱えた人を、会社側はどう評価すべきでしょうか?

評価には、定性的評価と定量的評価の2種類があります。①~④の問題を抱えていても、会社が定める評価基準を満たしているかどうかで評価するのがポイントです。

定性的な評価

これは、結果や性質が数値化できない評価のことです。チームワークやコンプライアンスの順守、ほかにはコミュニケーション能力や折衝能力といった類のものがそうです。たとえば

「決められたルールの下で仕事を進める」
「多様な意見を持つ同僚と目的を共有して働く」
「チームの役割分担を理解し、自分の役割を遂行する」

など、会社にとって望ましい行動が取れているかどうかを評価します。

定量的な評価

これは、結果が数値化できる評価のことです。売上金額や新規顧客・新入社員の獲得数、時間あたりの製造数や歩留率など、可視化が可能なものなので、ある意味ではわかりやすいかもしれません。

このように、なんらかの事情でフルに働けない人に対して求める能力と成果は、「定性

☑ 定性×定量の2軸で評価する

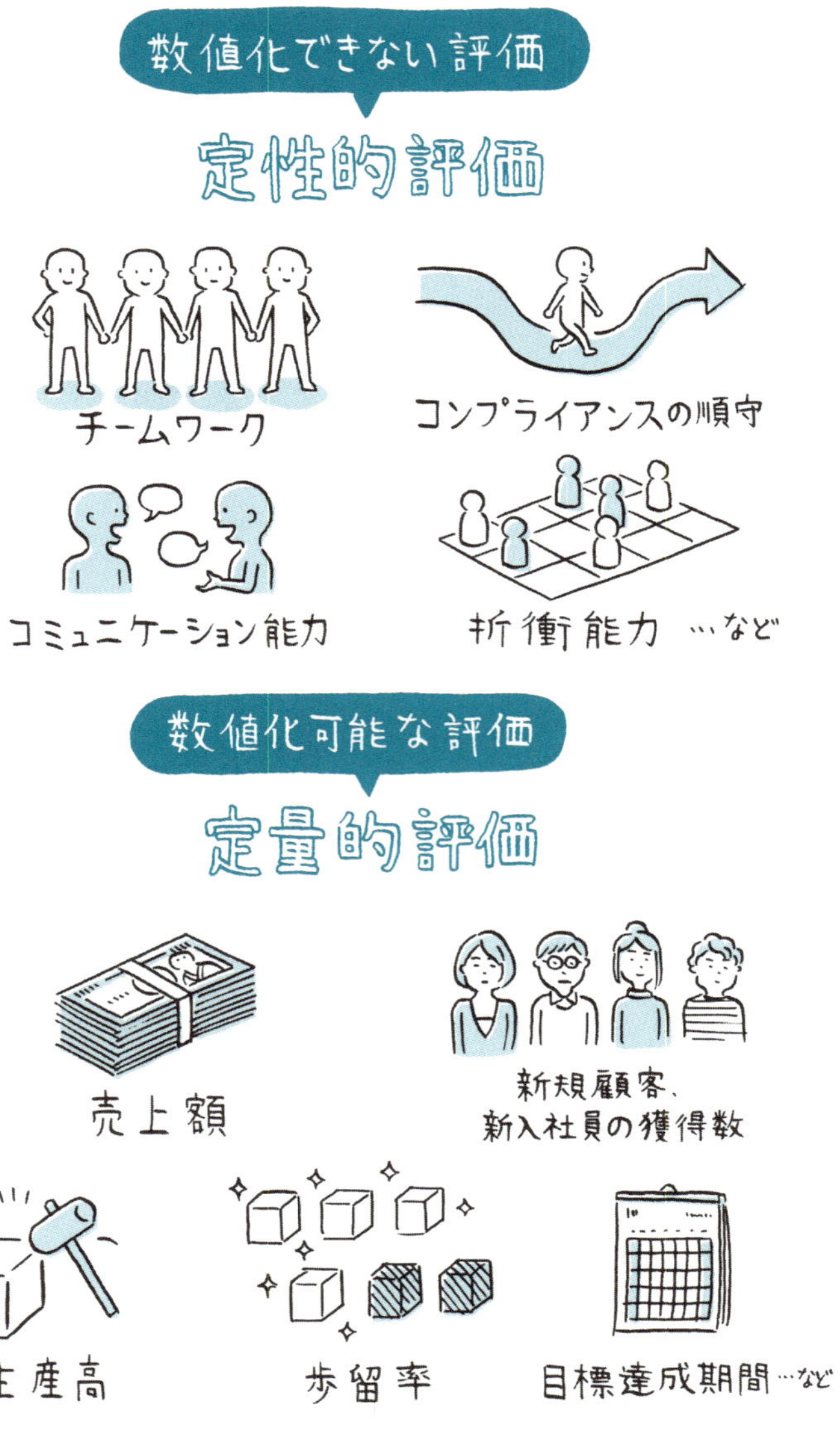

的な評価項目×定量的な評価項目」の2軸で見ていく必要があります。それによって、単純に「フルで働けない＝評価が低くなる＋賃金は安くなる」という図式だけで切り捨てないことが大切です。

有病率は、年齢が上がるほど高くなる傾向にあります。従業員の高齢化、定年延長、再雇用の促進などの時代の潮流に伴い、企業において疾病を抱えた従業員の治療と仕事の両立への対応が必要となる場面はさらに増えると予想されます。企業にも社員にも良好な職場環境を整えていくことが、今後ますます必要とされてくるのです。

COLUMN

介護と仕事の両立のための制度を見直す3つの視点

今後、高齢化社会の進展によって介護の問題を抱える社員はますます増えてくると予想されます。自社の介護と仕事の両立支援制度が次の3点を満たすか確認し、もしそれらが満たされていなければ制度を見直す必要があります。

①法定の基準を満たしているか
②制度の利用手続きは煩雑でないか
③制度が従業員の支援ニーズに対応しているか

本来、介護休業は、従業員本人が介護に専念することだけを目的とはしておらず、仕事と介護の両立の準備（社内の両立支援制度の確認、介護認定の申請、介護施設の見学など）をするための期間としても位置づけられています。では、1つずつ見ていきましょう。

①法定の基準を満たしているか

まず、就業規則を確認してみましょう。育児・介護休業法により、仕事と介護を両立するための制度として「介護休業制度」「介護休暇制度」などが定められています。法定の制度は、要件を満たすすべての労働者（契約社員やパートなどといった期間雇用者を含む）が利用対象となります。

②制度の利用手続きが煩雑でないか

介護は、いつ直面するようになるかは予想がつかないことのほうが多いのではないでしょうか？　いままで会社の制度に関心もなく使ったこともない従業員が、ある日突然あわてて調べて、利用するケースも多いと思います。制度の利用要件や手続きがわかりやすいものであるかは、重要なポイントです。使いづらいものであれば、早急に設計を見直す必要があります。

③制度が従業員の支援ニーズに対応しているか

介護に直面した従業員が、連続した介護休業を取得する必要があるとは限りません。長期的な休業よりも、短期の休暇取得、半日や時間単位で就労時間を調整できる働き方を望んでいる可能性もあります。現状にとらわれず、制度が当事者のニーズに対応しているかどうかを確認しましょう。

おわりに
～働き方をソフトランディングさせなければならない時期は、必ず、だれにでもやってくる

本書が生まれた背景には、安倍政権が２０１６年8月に「働き方改革担当相」を新設し、「働き方改革実現会議」を開き、実行計画をまとめていく方針を固めたというニュースが巷間をにぎわせていたことが大きく影響しています。

日本政府が働き方改革を進めている理由としては、①労働力人口が継続して減少していること、②長時間労働がなかなか改善されていないこと、③ダイバーシティマネジメントや生産性向上への奨励、などが挙げられます。ところが、長時間労働対策ばかりに焦点が当てられてきた感がしないでもありません。

たとえば、２０１７年2月から始まった「プレミアムフライデー」もしかり。毎月末の金曜日に「普段よりも上質な生活を」と個人消費喚起キャンペーンとして日本政府と経済界が推奨して始まりました。15時に仕事を終え、給与支給日直後に該当しやすい月末金曜日の夕方を買い物や食事や趣味などに充てる……。しかし、実際の労働現場では、月末の金曜日は繁忙期で、とてもじゃないが早く帰宅なんてできない。「早く帰宅すると、その

リカバリーで翌日が大変！」そんな声もたくさん聞きます。労働現場と政策や経済界の乖離、これも大きな問題ですよね？

「だったら、実態に即した働き方を考える本を作ろう」

そんなことを共著者である沢渡あまねさんとお話ししたのが、２０１６年10月のことでした。沢渡さんと私は、ある友人を介して４年前から知り合い、偶然にも沢渡さんは出身中学のリアル後輩！　そして、私のオフィスと沢渡さんのご自宅もご近所という、なんとも不思議なご縁がありました。そして、沢渡さんから技術評論社の編集者・傳智之さんをご紹介していただき、本書の企画がスタートしました。

なぜ「共著を」という話になったかというと、沢渡さんが選択的に企業を離脱し、現在の独立自営のテレワークスタイルで働いている姿は、私が独立起業した当時と被る部分がたくさんあったからです。組織の生産性、ワークライフバランス、ライフキャリアデザインなどさまざまな課題を感じて、企業を選択的に離脱することによって、お互いに現在のワークスタイルにたどり着いたのではないかと、肌感覚で理解できました。そして、私たちがタッグを組むことによって、男女双方の視点から「働き方」に対する現状認識と課題解決を網羅する本ができるのではないか、という期待がありました。

じつは私自身、個人的な事情で、働き方を何度となく変えてきました。

１９９０年、サラリーウーマンを経て、起業しました。それまでは某スポーツ番組のディレクター職にあり、１ヶ月おきに海外ロケに出かけ、番組制作のために昼夜を厭わず働いていました。仕事はおもしろく、部下も何人か率い、収入にも満足していました。しかし、長時間労働が続き、丸８ヶ月間、１日も休みが取れなくなり、ある日突然、右耳が聞こえなくなりました。原因は、突発性難聴でした。その時、あらためて「働くこと、生きること」を考え、雇用されるのではない起業という生き方を選択しました。すると、起業後３か月で体調が回復しました。

次の転機は、１９９２年。息子を出産しました。その後、育児のため、仕事と家庭の両立で四苦八苦しました。まだ当時は「延長保育」というシステムが保育園になく、17時と決められた保育園の〝門限〟を守るために、「どうやって仕事をコントロールしていったらいいか？」に毎日頭を悩ませていました。

そこでたどりついたのが、テレワークでした。「私」が移動するのではなく、「データ」を移動させて、オフィスでできなかった仕事を継続しておこなうことを始めました。１９

９６年から、現在のテレワークスタイルで、私および弊社のスタッフ（特に育児期・介護期）は、オフィス内の仕事を外で補完してきました。

そして、２０１４年。私は高血圧、糖尿病、脳梗塞を患い、1年間、仕事の時間を大幅にセーブせざるをえない状況に陥りました。リハビリのためにプールに通っている日は、16時に会社を上がっていました。また、発病後２ヶ月間は、夜間の打ち合わせや会議はすべてキャンセルさせていただきました。

最初の３ヶ月あまりで、自分の体重は８kg落ちました。同じように、日々の生活の中での贅肉もことごとく減らしていきました。限られた時間内で労働生産性を上げることに腐心した結果、２０１４年度の売上は、過去3年間で一番いい数字を達成することができました。これは、顧客が弊社を信頼して任せていただける状況や、スタッフおよび外注として常時仕事にあたってくれている人たちの理解と協力なくしては達成できませんでした。

現在は、だいたい18時には自宅に戻り、家族とのコミュニケーションをたっぷりとるようにしています。また1年間、夜間の外出を控え禁酒をしていましたが、現在、時間がとれた時は、地域の友人たちとアフター5を楽しむ余裕も出てきました。そして、健康的な生活へ目標を定めた結果、超夜型でほとんど睡眠時間をとらなかった生活から、早寝早起きに生活習慣をガラリと変えることができました。

今の私は、発病した3年前よりかなり体調は回復しましたが、それでも気圧変動に弱く、頭痛や吐き気に悩まされることもしばしばあります。また、2年前の冬には、血流が悪くなって足の動脈硬化を起こし、1週間立ち上がれなくなったこともありました。肉体的な面だけを見ると、私は「けっこう大変な状況を抱えている人」なわけです。

ですが、精神的な面から見ると、とても充実しています。足るを知り、残された自分自身のリソースで生活を楽しむ余裕ができたからです。これが本当の「ワークライフバランス」ではないか、と思っています。「仕事と家庭の両立」という狭いカテゴリの視野だけでは得られなかった満足感です。

そして、次の壁はつい最近、２０１７年に訪れました。本書の企画がスタートして半年も経たないうちに、実母と義父の２人を見送ることになりました。そのため、双方の親のために充てる時間がどうしても必要でした。また、絶えず心配事を抱えていると、自分自身の血圧や血糖値も跳ね上がるという、よからぬ影響も出てきました。さらにはメンタル面も崩れそうになり、なかなか眠れない日々が続きました。まさに、負のスパイラル。

その結果、私の担当の執筆が遅れに遅れてしまいました。辛抱強く、私の執筆の再開を待っていただいた沢渡さん、傳さんには、感謝の気持ちでいっぱいです。

「働き方をソフトランディングさせなければならない時期は、必ず、だれにでもやってくる」

私は自分の育児や病気、介護の経験を通して、そう痛感しました。予期せぬ出来事の連続です。それでも、ずっと「今ここ」にいるわけではない。

キャリアの未来図を描いていくとき、どうしても人は外へ、外へ、拡大へと考えがちです。しかし、ライフステージごとに、「何を大切にするか」という優先順位は変わっていきます。その時々に、自分の一番大切なものを最優先できるように働き方、生き方をフレキシブルに変えていく努力が今、まさに求められているのではないでしょうか？　本書の執筆は、そんなことをあらためて考え、整理してまとめていくいい機会になりました。

未来に向けて、本書が企業にも社会にも、もちろん個人にもハッピーといえる働き方、生き方のヒントになりますように——心からそう願って、筆を置きます。

２０１７年８月15日

株式会社ウイル　代表取締役　奥山睦

沢渡《さわたり》あまね

1975年生まれ。あまねキャリア工房 代表。業務改善・オフィスコミュニケーション改善士。日産自動車、NTT データ、大手製薬会社などを経て、2014年秋より現業。企業の業務プロセスやインターナルコミュニケーション改善の講演・コンサルティング・執筆活動などを行っている。NTT データでは、IT サービスマネージャーとして社内外のサービスデスクやヘルプデスクの立ち上げ・運用・改善やビジネスプロセスアウトソーシングも手がける。
現在は複数の企業で「働き方見直しプロジェクト」「社内コミュニケーション活性化プロジェクト」「業務改善プロジェクト」のファシリテーター・アドバイザーなどを行う。
著書に『職場の問題地図』『仕事の問題地図』『職場の問題かるた』(技術評論社)、『チームの生産性をあげる。』(ダイヤモンド社)、『働く人改革』(インプレス)、『新人ガールITIL 使って業務プロセス改善します!』(C&R 研究所) などがある。趣味はドライブと里山カフェめぐり、ダムめぐり。
【ホームページ】http://amane-career.com/
【Twitter】@amane_sawatari
【Facebook】https://www.facebook.com/amane.sawatari
【メール】info@amane-career.com

奥山《おくやま》 睦《むつみ》

株式会社ウイル代表取締役。慶應義塾大学大学院システムデザイン・マネジメント研究科後期博士課程在籍中。法政大学大学院政策創造研究科前期博士課程修了(政策学修士)。武蔵野美術大学実技専修科油絵専攻卒業。静岡大学大学院総合科学技術研究科客員教授。日本女子大学家政経済学科非常勤講師。大田女性ネットワーク「TES」会長。

「福島モノづくりブランド構築研究会」委員長、経済産業省「素形材産業における女性の活躍推進に向けた検討委員会」委員等を歴任。国家資格キャリアコンサルタント、公益財団法人日本生産性本部認定メンタルサポーター。

1996年にテレワークを活用した事業を開始。その後も、女性雇用や障がい者雇用などを促進。キャリアコンサルタントの顔も持ち、キャリア形成の視点での働き方を語ることができる。子育てや闘病生活を経験しながら、これからの時代の働き方を先取りして体現してきた。『35歳からの女性のハッピーキャリア』(同友館)、『下町ボブスレー』(日刊工業新聞社)、『「折れない」中小企業の作り方』(日刊工業新聞社) など著書多数。

【ホームページ】http://www.officewill.co.jp/

装　丁	石間 淳
カバー・本文イラスト	白井 匠(白井図画室)
本文デザイン・DTP	小林麻実(TYPEFACE)
編　集	傳 智之

お問い合わせについて

本書に関するご質問は、FAX、書面、下記のWebサイトの質問用フォームでお願いいたします。電話での直接のお問い合わせにはお答えできません。あらかじめご了承ください。ご質問の際には以下を明記してください。

・書籍名　・該当ページ　・返信先（メールアドレス）

ご質問の際に記載いただいた個人情報は質問の返答以外の目的には使用いたしません。お送りいただいたご質問には、できる限り迅速にお答えするよう努力しておりますが、お時間をいただくこともございます。なお、ご質問は本書に記載されている内容に関するもののみとさせていただきます。

問い合わせ先

〒162-0846　東京都新宿区市谷左内町21-13
株式会社技術評論社　書籍編集部「働き方の問題地図」係
FAX：03-3513-6183　Web：http://gihyo.jp/book/2018/978-4-7741-9427-1

働《はたら》き方《かた》の問題《もんだい》地図《ちず》

「で、どこから変《か》える？」旧態依然《きゅうたいいぜん》の職場《しょくば》の常識《じょうしき》

2018年1月9日　初版　第1刷発行
2018年3月22日　初版　第3刷発行

著　者　沢渡《さわたり》あまね、奥山睦《おくやまむつみ》
発行者　片岡巌
発行所　株式会社技術評論社
東京都新宿区市谷左内町21-13
電話　03-3513-6150（販売促進部）　03-3513-6166（書籍編集部）
印刷・製本　港北出版印刷株式会社

ISBN978-4-7741-9427-1　C2036
Printed in Japan